유엔 미래 보고서가 선정한 미래 유망 직업
미래 직업, 어디까지 아니?

미래 직업, 어디까지 아니?

초판 1쇄 2015년 6월 8일
초판 14쇄 2022년 11월 3일

글쓴이 박영숙
그린이 에스더
펴낸이 조영진

펴낸곳 고래가숨쉬는도서관
출판등록 제406-2012-000082호
주소 경기도 파주시 회동길 329호(서패동) 2층
전화 031-955-9680~1   팩스 031-955-9682
홈페이지 www.goraebook.com
이메일 goraebook@naver.com

글 © 박영숙 2015 | 그림 © 에스더 2015

* 값은 뒤표지에 있습니다.
* 잘못 만든 책은 구입하신 서점에서 바꾸어 드립니다.
* 책의 내용과 그림은 저자나 출판사의 서면 동의 없이 마음대로 쓸 수 없습니다.

ISBN 978-89-97165-97-1 74300
       978-89-97165-49-0 74080(세트)

이 도서의 국립중앙도서관 출판시도서목록(CIP)은 e-CIP홈페이지(http://www.nl.go.kr/ecip)와
국가자료공동목록시스템(http://www.nl.go.kr/kolisnet)에서 이용하실 수 있습니다.(CIP제어번호: CIP2015013978)

품명: 도서	**전화번호**: 031-955-9680	**제조년월**: 2022년 11월	
제조국명: 대한민국	**제조자명**: 고래가숨쉬는도서관		
주소: 경기도 파주시 회동길 329 2층	**사용 연령**: 9세 이상		

*KC마크는 이 제품이 공통안전기준에 적합하였음을 의미합니다.

유엔 미래 보고서가 선정한 미래 유망 직업

미래직업, 어디까지 아니?

차례

들어가며 • 6

2. 경제·경영 분야

브레인 퀀트 • 32
금융 기술 전문가 • 36
대안 화폐 전문가 • 38
매너 컨설턴트 • 40
오피스 프로듀서 • 43
인재 관리자 • 45
개인 브랜드 매니저 • 47
세계 자원 관리자 • 51
최고 경험 관리자 • 53
창업 투자 전문가 • 54
인도 전문가 • 56

1. IT·로봇 분야

홀로그래피 전문가 • 10
증강 현실 전문가 • 14
인공지능 전문가 • 16
양자 컴퓨터 전문가 • 19
무인 자동차 엔지니어 • 21
로봇 기술자 • 24
정보 보호 전문가 • 26
군사 로봇 전문가 • 28

3. 의료·복지 분야

복제 전문가 • 60
기억 수술 전문 외과의 • 64
생체 로봇 외과의 • 67
장기 취급 전문가 • 69
유전자 상담사 • 71
치매 치료사 • 73
임종 설계사 • 76
두뇌 시뮬레이션 전문가 • 79

4. 환경·에너지 분야

우주 관리인 • 82
에너지 수확 전문가 • 86
제4세대 핵 발전 전문가 • 89
날씨 조절 관리자 • 91
극초음속 비행기 기술자 • 94
종 복원 전문가 • 96
환경병 컨설턴트 • 99
탄소 배출 점검 기록 전문가 • 102
탄소 배출권 거래 중개인 • 103
미세 조류 전문가 • 104
수소 연료전지 전문가 • 106

6. 생활·여가 분야

미래 가이드 • 126
결혼 및 동거 강화 전문가 • 130
건강관리 전문가 • 132
배양육 전문가 • 135
식료품 구매 대행 • 137
단순화 컨설턴트 • 140
우주여행 가이드 • 142
익스트림 스포츠 가이드 • 144
세계 윤리 관리자 • 146
아바타 관계 관리자 • 148

나가며 • 150

TIP 1 • 30
TIP 2 • 58
TIP 3 • 152

5. 문화·예술 분야

특수 효과 전문가 • 108
나노 섬유 의류 전문가 • 112
미래 예술가 • 114
디지털 고고학자 • 117
캐릭터 MD • 119
내로캐스터 • 122

들어가며

미래 직업 박람회장의 문을 열어요

호기순 기자

고래 방송국의 호기순 기자입니다. 여기는 미래 직업 박람회장입니다. 미래의 직업이 궁금해서 멀리 서울까지 찾아온 어린이들로 박람회장은 발 디딜 틈이 없을 정도예요. 우리 친구들이 미래의 직업에 대해 얼마나 관심이 높은지 이곳을 찾은 어린이들의 초롱초롱한 눈만 보아도 충분히 느낄 수 있답니다. 그러면 박람회장을 찾은 어린이들을 초대해 어떻게 이곳을 찾게 되었는지 이야기를 들어 보겠습니다.

정보통

저는 4학년 정보통입니다. 어른들이 '커서 뭐가 될래?' 하고 자주 물어보시는데 솔직히 말해 저는 아직 제가 어떤 일을 하게 될지 잘 모르겠어요. 직업에 대해 아는 것도 없고요. 그래서 직업 박람회가 열린다는 소식을 듣고 한번 와 봤어요. 이곳에서 미래 직업의 세계를 둘러보는 것만으로도 직업에 대한 관심이 생길 것 같고 제 꿈을 찾을 수 있을 것 같아요.

진지해

저는 5학년 진지해입니다. 저는 이곳에서 제가 좋아하고 잘할 수 있는 일을 찾아보려고 해요. 와서 보니 정말 신기한 직업들이 많이 있어요. 마치 타임머신을 타고 20년 후의 미래에 와 있는 기분이에요.

호기순 기자

일찍 목표를 정하고 자신의 꿈이나 직업을 향해 도전하는 어린이가 있는가 하면 아직 꿈을 찾지 못한 어린이도 있어요. 아직 자신의 꿈을 찾지 못했다고 걱정하는 어린이들이 있다면 6개 분야 54개의 직업을 두 눈 크게 뜨고 탐구해 보세요. 만약 관심이 있는 직업을 발견한다면 무엇을 준비하고 공부해야 하는지 알아보고 도전해 보세요. 자, 그러면 지금부터 정보통, 진지해 어린이의 손을 잡고 미래 직업 박람회장을 둘러보겠습니다. 미래의 직업을 찾아 출발!

1
IT·로봇 분야

`호기순 기자` 우리가 나와 있는 이곳은 IT·로봇관이에요. 현재 우리나라는 IT 강국으로 세계 여러 나라들의 부러움과 시샘을 받고 있지요. 하지만 10~20년 후에도 최대 강국의 자리에 있을 거라고는 누구도 장담할 수 없답니다. 그래도 대한민국의 힘을 믿어요. 파이팅!
어린이들이 많이 모여 있는 곳은 밀리터리 로봇을 전시해 놓은 기업 전시관입니다. 미래 사회에서 전쟁이 일어났을 때 사람 대신 투입되어 작전을 수행하는 로봇들이지요.
지해 양, 로봇 기술자가 되고 싶다고 했지요? 로봇을 실제로 본 적이 있어요?

`진지해` 그럼요. 아빠가 매년 엑스포가 열릴 때마다 전시관에 데려가 주셨어요. 지금의 로봇들은 사람의 동작을 따라 하는 정도지만 앞으로는 지능과 감정을 가진 로봇들이 등장할 거라고 하셨어요.

`정보통` 지해 누나 대단한데요. 저는 로봇을 처음 보았는데 실제로 전쟁 영화에 나올 법한 로봇들이 무척 귀여운데요. 집에 데리고 가면 친구들한테 최고 인기겠는데요.

`호기순 기자` 안경 없이 3D를 즐길 수 있는 스마트폰도 보이는군요. 레이싱 게임에 참가할 수 있도록 만들어진 전시관에도 관람객들이 이미 엄청나게 긴 줄을 섰어요. 자, 여러분과 함께 구석구석 찾아가서 재미있는 직업 체험을 해 보겠어요.

홀로그래피 전문가
Holographic Technology Expert

◎ **활동 분야** : 전자, 의료기업, 연구소　　◎ **임금 수준** : 높음
◎ **업무 환경** : 매우 안전　　　　　　　　◎ **전　　망** : 매우 좋음

 만 원권 지폐를 한번 펼쳐 보세요. 은색으로 된 작은 정사각형 모양이 보이지요? 이것이 홀로그래피(입체 영상)라는 거예요. SF 영화를 보면 홀로그래피 영상을 통해 지구에서 멀리 떨어진 곳에서 메시지를 보내는 장면들이 등장해요.
 이 홀로그래피는 헝가리 태생의 영국 과학자 데니스 가보르가 1948년 개발하였어요. 그는 1971년 노벨 물리학상을 수상했어요. 하지만 이론에 머물렀을 뿐 기술화하기까지는 무척 오랜 시간이 걸렸어요.
 하지만 앞으로 사람들의 실생활에 홀로그래피를 이용하는 일이 많아질 거예요. 우리 몸이나 기계의 정밀 진단, 자연과 문화의 입체 보존처럼 의료, 건축, 오락, 영상 장치 등 응용 범위는 무궁무진해요. 특히 의

료 분야에서는 X선이나 초음파를 사용해서 찍은 단층사진을 입체 화상화해서 정확한 진단이 가능하도록 하는 연구가 진행 중이에요. 또 공업 분야에서는 홀로그래피를 사용한 정밀 계측이 가능해질 거고, 건축, 토목, 자동차 설계 분야에서는 컴퓨터로 기계와 건물의 모습을 여러 각도에서 계산할 수 있도록 해 줘요.

홀로그래피 전문가가 되기 위해서는 전기, 전자공학, 기계공학, 의료공학 분야를 공부해야 하며, 연구 개발 분야에서 일하려면 대학원 이상의 공부가 필요하기도 해요. 컴퓨터와 기기를 잘 사용할 줄 알아야 하고 분석력과 꼼꼼함도 필요해요.

진지해와 정보통의 말·말·말.

 이 단추를 누르면 입체 영상이 보일 거야. 곧 북극에 와 있는 것 같은 기분을 느낄 수 있을 거야.

 어, 갑자기 사방이 얼음으로 뒤덮였네. 와, 저기 북극곰이 있어.

 미래에는 아마 단추를 누르면 정글에 와 있는 것 같고, 휴양지에 와 있는 것 같은 기분을 느낄 수 있는 장치가 마련될 것 같아.

 맞아. 현실과 입체 영상이 하나가 되어서 무엇이 현실인지 잊게 할 거야.

미래네 가족 이야기

 미래와 가족들은 시계 가게에 들어갔습니다. 가게 안에는 북극곰 한 마리가 어슬렁어슬렁 걸어 다니고 있다가 미래네 가족을 보자 사라졌습니다.
 "여기는 홀로그래피 모닝콜 프로그램이 있는 가게입니다. 북극곰이 흔들어 깨우는 영상, 상어가 쫓아오는 영상, 앵무새가 노래를 부르는 영상 등 다양한 영상이 있습니다. 무엇을 찾으시나요?"
 "와, 신기해요. 홀로그래피 모닝콜 프로그램이라니. 전 아무래도 상어가 달려오는 게 좋을 것 같아요. 상어에게 쫓기다 보면 벌떡벌떡 일어날 것 같거든요. 홀로그래피 기술, 참 신기하네요."

증강 현실 전문가
Augmented Reality Architect

◎ 활동 분야 : 기업, 연구소, 프리랜서 ◎ 임금 수준 : 높음
◎ 업무 환경 : 안전 ◎ 전　　망 : 매우 좋음

국회의원 선거가 있던 날 개표 방송을 본 친구들이 있나요? 진행자가 허공에 대고 손가락을 움직이면 이 동작에 따라 반투명 화면에 후보자의 얼굴과 정보가 나타나기도 하고, 여러 정당의 당사에 나가 있는 기자들이 순식간에 스튜디오로 모이기도 했어요. 현장에 나가 있는 기자를 컴퓨터 그래픽을 이용해 스튜디오에 있는 진행자들과 나란히 서 있는 것처럼 효과를 준 것이지요. 이처럼 '증강 현실'이란 모니터나 스크린, 액정 등 '화면'을 통해 눈으로 보이는 현실 세계에 정보나 가상의 물체를 합성해서 여러 가지 편의를 제공하는 기술이에요. 지금까지는 스마트폰 카메라에 내 위치를 비추면 액정에서 가장 가까운 편의점, 약국, 음식점 등의 위치를 확인하거나 마트에서 식품을 살 때 스마트폰 카메

라로 QR 코드를 비추면 제품이 만들어지기까지의 과정이나 요리법이 동영상으로 나오는 수준이지만 앞으로는 의료, 게임, 쇼핑, 출판 등 여러 분야에서 응용되고 발전될 거예요. 가상 영상을 실제 영상에 오버랩해서 둘의 구분을 모호하게 만드는 것이 증강 현실의 특징이에요.

증강 현실 전문가가 되기 위해서는 컴퓨터공학, 컴퓨터소프트웨어공학, 정보처리학 등을 공부해야 해요. 특히 이런 기술의 바탕이 되는 영상 처리 기술은 보다 전문적인 지식이 필요해요.

진지해와 정보통의 말·말·말·

- 가상현실은 가상의 이미지를 사용하고, 증강 현실은 현실의 이미지나 배경에 가상 이미지를 겹쳐서 하나의 영상으로 보여 주는 기술이야. 증강 현실은 스마트폰 길 찾기 애플리케이션을 생각하면 이해가 빠를 거야.

- 증강 현실 기술이 발달하면서 실제 세계와 가상현실, 그리고 증강 현실 세계가 뒤섞여서 어떤 것이 실제인지 모르게 될까 봐 조금은 두려워.

- 신데렐라처럼 현실은 재투성이 아가씨고 12시만 되면 사라질 호박 마차를 타고 왔지만, 멋진 모습으로 무도회에 참석한 것처럼 보일 수도 있을 것 같아.

인공지능 전문가
Artificial Intelligence Expert

◎ 활동 분야 : 기업, 연구소 ◎ 임금 수준 : 높음
◎ 업무 환경 : 매우 안전   ◎ 전   망 : 매우 좋음

　인공지능이란 사람처럼 스스로 생각하고, 이해하고, 행동하는 능력을 컴퓨터 프로그램으로 실현한 기술이에요. 가장 가깝게는 인공지능 로봇을 떠올릴 수 있을 거예요. 인공지능 로봇이 사람을 대신해 집안 청소며, 세탁, 마당 손질까지 완벽하게 해 줄 날도 머지않았어요. 지금도 인공지능 로봇, 인공지능 청소기, 인공지능 컴퓨터 등 여러 분야에서 인공지능 기술이 사용되고 있지요. 여러분이 좋아하는 컴퓨터게임을 떠올려 봐요. 컴퓨터게임에서는 컴퓨터가 사람처럼 생각해서 대응을 해요. 게임을 할 때마다 쉽게 이겨 버리면 재미가 없을 테니 인공지능이 높은 컴퓨터와 게임을 하는 게 더 흥미로울 거예요.
　로봇공학에서는 사람이 해야 하는 지능적인 작업을 로봇이 대신하는

데 사람보다 빨리 어려운 문제를 척척 풀어내기도 하고, 매우 위험한 일을 사람 대신 해내기도 해요. 원자력 발전소 안에서 청소를 하는 로봇이 있는가 하면 무인 우주선을 타고 사람 대신 우주를 연구하는 일을 해내기도 하지요. 2011년 10월 한국과학기술연구원이 감정을 표현할 수 있는 휴머노이드 로봇 '키보'를 선보였어요. 120cm의 키에 48kg의 몸무게를 갖고 있는 '키보'는 사람처럼 울거나 웃고 찡그리기도 하고, 천장과 바닥에 장착된 카메라와 초음파 센서 등을 이용해 사용자의 얼굴과 위치, 움직이는 물체, 음성의 방향을 감지할 수 있으며 사람을 인식하면서 인사를 하거나 악수를 건네고, 물건을 전달하거나 포옹도 할 수 있게 만들어졌대요. 정말 대단하지요?

인공지능 전문가가 되기 위해서는 수학, 수리논리학, 기초과학, 심리학, 프로그래밍 등을 공부해야 하고, 무엇보다 창의력이 뛰어나야 해요.

진지해와 정보통의 말.말.말.

- 인공지능이라는 말은 아주 예전부터 들었는데 가끔은 사람의 지능에다가 인공지능을 합쳤으면 좋겠다는 생각을 해.

- 맞아. 그러면 사람도 슈퍼 사람이 될 수 있는데 말이야.

- 미래 사회에는 그렇게 되지 않을까?

- 인공지능이 발달한 로봇들처럼 사람들의 IQ를 높이는 기술이 발달할 것 같아. 그렇게 하지 않으면 인공지능 로봇들의 머리를 따라갈 수 없을 것 같아.

- 맞아. 인공지능보다 사람 지능이 더 낮으면 무슨 문제가 생길 것 같아.

양자 컴퓨터 전문가
Quantum Computer Expert

◎ 활동 분야 : 기업, 연구소
◎ 업무 환경 : 매우 안전
◎ 임금 수준 : 높음
◎ 전   망 : 매우 좋음

　양자 컴퓨터는 원자 이하의 차원에서 입자의 움직임에 기반을 두고 계산이 수행되는 컴퓨터예요. 이야기만 들어도 엄청나게 일 처리가 빠르다는 것을 알 수 있을 거예요. 이러한 컴퓨터가 개발되면 어떻게 될까요? 양자 컴퓨터는 동시에 여러 가지 생각을 할 수 있으며, 빠르게 연산할 수 있는 능력을 가지고 있어요.

　양자 컴퓨터 전문가는 양자 컴퓨터를 개발하여 그동안 풀리지 않았던 물리학 이론 문제를 해결할 수 있어요. 또 양자 컴퓨터가 가지고 있는 전자기장이나 물리적 움직임 또는 작은 방전에 영향을 받는 장애를 극복하는 연구를 하며, 상당 시간 동안 반응하는 입자를 얻기 위한 연구도 진행할 거예요.

양자 컴퓨터 전문가가 되기 위해서는 전기공학, 전자공학, 원자력공학, 통신공학 등을 전공해야 하며, 문제 해결을 위한 분석적 사고 능력과 새로운 기술을 제품으로 만들 수 있는 창의력이 필요해요. 원만한 인간관계와 정밀 부품을 다루기 때문에 꼼꼼한 성격을 가진 사람에게 적합해요.

진지해와 정보통의 말.말.말.

- 양자역학은 원자, 분자, 소립자 등의 아주 작은 대상에 적용되는 역학이야. 역학은 물체 간에 작용하는 힘과 운동의 관계를 연구하는 학문이고.

- 그러니까 양자 컴퓨터는 아주 작은 것들을 연구하는 양자역학에 기반을 둔 컴퓨터라는 거네.

- 그래. 아직 실용화되어 있지 않고 연구는 계속 이루어지고 있어. 게놈(한 생물이 가지는 모든 유전 정보)이나 기상, 경제, 슈퍼컴퓨터로도 풀 수 없는 아주 복잡한 영역을 연구할 수 있게 되는 거야.

- 앞으로 20년은 더 연구해야 사람들이 이 컴퓨터를 쓸 수 있다고 하니까 결국 미래에는 이렇게 똑똑한 컴퓨터를 가지게 되는 거네. 뭔가 좀 무서운데. 똑똑한 로봇에 똑똑한 컴퓨터와 같이 살게 된다니.

- 그렇지? 인간의 두뇌를 앞서 가는 기계들의 등장이라니.

무인 자동차 엔지니어
Self-Driving Vehicles Technician

◎ 활동 분야 : 연구소, 자동차기업, 대학 ◎ 임금 수준 : 높음
◎ 업무 환경 : 안전 ◎ 전　　망 : 좋음

"정말 피곤해. 가만히 있어도 누가 집까지 데려다 주면 좋겠어!"

나들이를 마치고 집으로 돌아오는 차 안에서 아빠의 이런 혼잣말을 들어 본 적이 있을 거예요. 무인 자동차란 운전자의 조작 없이 차량이 스스로 주변 환경을 인식해서 목적지까지 안전하게 주행하는 자동차예요. 정확한 위치 파악과 차량 제어 기술이 핵심으로 자동차에 적용되는 'IT의 꽃'이라 말할 수 있어요.

무인 자동차 시대가 곧 열리게 될 거예요. 국내에서도 기술 개발이 한창이며 20년 뒤에는 거리에서 무인 자동차를 흔하게 볼 수 있을 거라고 내다보고 있지요.

2012년 미국 네바다 주에서는 무인 자동차 주행이 승인되었어요. 단

도로 주행을 위해서는 꼭 한 명은 운전석에 탑승해야 하고, 또 탑승자가 술을 마셨을 경우에는 주행을 할 수 없도록 하는 법안이 통과되었어요. 이에 따라 무인 자동차를 개발하고 있는 구글이나 벤츠, GM 등의 회사에서는 네바다 주의 도로에서 주행 테스트를 거치고 있다고 해요.

  한 중년 남성이 자동차 문을 열고 운전석에 앉았어요. 이름은 스티브 마한. 시력의 95퍼센트를 잃은 법적 장애인이지요. 마한이 음성 명령을 내리자 레이더, 전자 센서, 카메라 같은 장비가 교통 상황을 파악하고는 차가 출발해요. 그러고는 운전자의 요구대로 드라이브인 식당의 음식 판매 창구에 정확히 정차하지요. 전 세계인의 감탄을 자아낸 이 영상은 구글이 만들었어

요. 구글은 2010년 무인 자동차 개발에 착수해 이미 주행 시험을 성공리에 마쳤다고 해요. 장애나 질병, 고령으로 이동의 자유를 잃은 이들에게 무인 자동차는 꿈의 날개일 수도 있어요.

무인 자동차 엔지니어가 되기 위해서는 물리학, 기계공학, 시스템공학, 자동차공학, 컴퓨터공학 등을 공부해야 하며 신기술 개발에 필요한 창의력이 필요해요.

진지해와 정보통의 말·말·말·

- 손을 안 대고도 차가 슝슝 가면 얼마나 좋을까?

- 미래에는 그렇게 될 거라고 하더라고. 이미 무인 자동차가 만들어졌고 지금 테스트 중이야. 장애나 질병, 고령의 사람들은 이동하는 일이 쉽지 않아. 이런 사람들을 위해 무인 자동차가 필요한 거야.

- 그럼 어린아이들도 차를 모는 게 가능해질까? 운전을 하는 것은 아니니까 말이야.

- 글쎄, 그러라고 만든 기술이 아닐 텐데.

로봇 기술자
Robotician

◎ 활동 분야 : 기업, 연구소　　◎ 임금 수준 : 높음
◎ 업무 환경 : 매우 안전　　　◎ 전　　망 : 매우 좋음

　'친구 로봇이 있다면 얼마나 좋을까?' 함께 놀아 줄 친구가 없어서 심심할 때 이런 생각을 해 본 어린이들이 있을 거예요. 함께 레고 블록도 쌓고, 블루마블 게임도 하고 말이에요. 이런 상상이 현실이 될지도 몰라요. 미래 사회에는 텔레비전, 냉장고, 컴퓨터 등의 일반 전자 제품처럼 모든 가정마다 한 대 이상의 로봇을 가지게 될 거예요. 머지않은 미래에 식당에서 주문을 받는 서비스 분야에서 일하는 로봇, 집에서 엄마 일을 돕는 로봇 등이 생겨 우리 사회의 모습이 많이 바뀔 것이라고 전문가들은 예측하고 있어요.

　지금도 로봇이 있지만 우리가 보는 로봇들은 간단한 동작을 할 수 있는 정도예요. 점차 사람과 소통을 할 수 있는 똑똑한 지능을 가진 로봇

으로 진화시키기 위해 많은 과학자들이 애쓰고 있어요. 일본에서는 애완용 로봇 엔지니어가 미래의 유망 직업 1순위로 선정되기도 했어요.

로봇 기술자는 인공지능 로봇을 연구하고 개발해 산업, 의료, 해저 탐사, 실생활 등 여러 분야에서 활용할 수 있도록 만드는 사람을 말해요. 로봇 프로그래머, 로봇 콘텐츠 개발자, 로봇 엔지니어, 로봇 수리 전문가 등이 모두 여기에 속해요.

로봇 기술자가 되기 위해서는 기계공학, 제어계측 등을 공부해야 해요. 또 새로운 것에 대한 탐구 정신과 호기심, 창의성, 문제 해결력 등도 반드시 필요할 거예요.

진지해와 정보통의 말·말·말·

 미래 사회에는 정말 사람만큼 많은 로봇이 존재하게 될까?

 각 가정마다 로봇 한 대 이상은 가지게 될 거라고 하니까 미래에는 로봇을 사람만큼 흔하게 볼 수는 있을 것 같아.

 미래에는 로봇이 지금 사람들이 하고 있는 일을 하게 되는 것 같네. 지금도 일자리가 없다고 하는데 로봇에게 일자리를 많이 빼앗기게 될 것 같아.

 맞아. 사람은 실수를 하기도 하지만 로봇 중에서 사람보다 똑똑한 로봇은 실수가 없어서 일을 더 잘할 것 같아.

정보 보호 전문가
Information Security Expert

◎ 활동 분야 : 기업, 연구소, 경찰, 군
◎ 업무 환경 : 안전
◎ 임금 수준 : 높음
◎ 전　　망 : 좋음

　　2003년 1월 25일, 웜바이러스에 의해 주요 인터넷서비스업체(ISP)의 망에 과부하가 발생하고 이로 인해 9시간 동안 전국 인터넷망이 마비되는 일이 벌어졌어요. 2009년 7월 7일에는 청와대와 국회 등 우리나라 12개 국내 사이트와 미국 백악관, 국무성 등 14개 미국 사이트가 디도스 공격으로 마비되는 해킹 사태가 발생했지요. 우리나라뿐만이 아니에요. 나라와 나라 사이에도 사이버 공격을 통해 정보를 캐내는 싸움이 벌어지고 있어요. 그래서 '전 세계가 총성 없는 사이버 전쟁에 돌입했다.'라는 말을 하는 거예요.

　　정보 보호 전문가란 기업이나 국가의 사이버 안보를 담당하는 사람들을 말해요. 북한의 김책공과대학에서는 1990년대 중반부터 사이버 테러 전문가를 길러 내기 시작했고, 중국은 1991년 걸프 전쟁이 끝난 후 해커 특수부대를 만들어 해킹 전문 인력을 길러 왔어요. 미국도 1996년부터 국가 안보국 등에서 최정예 해커를 선발해 사이버 부대를 운영하고 있어요. 일본도 사이버 테러 대응팀을 운영하고 있지요. 이처럼 세계는 미래의 사이버 월드(Cyber World) 패권을 차지하기 위해 정보 보호 전문가를 체계적으로 기르고 나라 차원에서 적극 대응하는 등 사이버 안보에 사활을 걸고 있어요.

정보 보호 전문가들은 공격과 방어 팀워크를 만들어 국가정보원, 경찰, 국방부, 검찰 등 국가 주요 기관의 사이버 센터에서 일하고, 신·변종 해킹 탐지 기술 개발과 국가 기반 시설을 방호할 수 있는 해킹 보호 기술을 개발해 우리나라 정보 보호 산업과 국방에 큰 역할을 해낼 거예요.

정보 보호 전문가가 되기 위해서는 컴퓨터공학, 정보통신공학, 전자공학 등을 공부해야 하며, 네트워크, 하드웨어, 소프트웨어, 데이터베이스 등에 대한 전문 지식도 길러야 해요.

군사 로봇 전문가
Military Robots Expert

◎ 활동 분야 : 군수기업, 연구소, 군
◎ 업무 환경 : 안전
◎ 임금 수준 : 높음
◎ 전   망 : 매우 좋음

　군사용 로봇에 대해 들어 본 적 있나요? 미래의 전쟁은 병사의 전투를 여러 가지로 보조하는 자율 주행 및 유무선 조종이 필요한 로봇으로 상당 부분 대체될 거라고 해요.
　전 세계는 전쟁이 없었던 시기가 없었고 전쟁은 지금도 진행 중이에요. 매일매일 정찰을 하고 매일매일 전략을 짜는 군인들이 어딘가에 있을 거예요. 그리고 군사용 로봇을 개발하는 사람들도 있고요. 한국의 육군도 다양한 무인 군사용 로봇을 운용하고 있어요.
　미래 전쟁과 천재지변이나 테러 등 위험한 사태에서 국민을 보호하기 위해 군사용 로봇을 개발할 전문가가 필요해요. 군사 로봇 전문가는 군사용 목적에 맞게 로봇을 기획, 설계하고 GPS, 열상 감지 분야, 나노봇 분야의 전문가로서 로봇의 기능을 프로그래밍해요. 로봇 소재 개발자, 엔지니어, 수리 전문가 등이 여기에 속해요.

군사 로봇 전문가가 되기 위해서는 제어계측, 컴퓨터공학 등을 전공해야 하고 연구소에 따라서는 로봇공학 분야의 석사 이상의 학력이 요구되기도 해요. 또 투철한 국가관과 애국심이 있어야 하며 탐구 정신과 호기심, 창의성과 문제 해결을 위한 논리적 사고, 분석력, 정확한 판단력이 요구되어요.

TIP 1

로봇에게 빼앗길 아홉 가지 일자리

　미국의 유명 방송사 NBC는 최근에 로봇에게 내줘야 하는 일자리에 대한 특집 방송을 방영했어요. 로봇에게 일자리를 뺏기게 되는 이유는 사람보다 더 똑똑한 로봇이 자꾸 개발되기 때문이기도 하지만, 더 큰 이유는 사람보다 실수를 적게 하고 똑같은 말을 수년간 되풀이해도 지루해하지 않기 때문이래요.

1. 약사
2. 변호사와 변호사 보조원
3. 운전기사
4. 우주 비행사
5. 점원(계산원)
6. 군인
7. 베이비시터
8. 재해 재난 구조원
9. 스포츠 기자와 리포터

2
경제·경영 분야

호기순 기자 여기는 경제·경영관입니다. 미래의 돈이 모이는 곳이라서 그럴까요, 와우, 경품이 엄청나게 쌓여 있네요. 이건 뭐지요? 아, 대안 화폐군요. 2030년부터 마을 공동체에서 사용할 수 있도록 만들어진 것인데요, 물물교환이 가능하도록 되어 있군요. 얼마 안 있어서 지금 사용하는 화폐 외에 개인이나 기업, 지방정부에서 만든 화폐가 나올 거라고 하더니 이게 그 화폐를 미리 만든 것이네요.

진지해 호기순 언니, 저쪽에 인도 사람들이 잔뜩 있어요. 인도 사람들도 미래 직업 박람회를 구경하러 왔나 봐요.

정보통 지해 누나, 그게 아니라 인도 전문가를 키우는 곳이라고 쓰여 있잖아. 그러니까 미래에는 인도가 굉장히 중요한 나라가 될 거고, 지금부터 인도의 가능성을 알아차리고, 인도 전문가를 키워 미래에 대비하자, 뭐 그런 뜻 같아.

브레인 퀀트

Brain Quant

◎ 활동 분야 : 기업, 투자금융회사, 증권사　　◎ 임금 수준 : 매우 높음
◎ 업무 환경 : 매우 안전　　　　　　　　　　◎ 전　　망 : 매우 좋음

　　브레인 퀀트는 숫자와 굉장히 친하게 지내야 하는 직업이에요. 퀀트(Quant)는 '수량으로 측정할 수 있는'이라는 뜻의 단어 'quantitative'의 줄임말이에요. '어떤 장난감이 어린이들에게 잘 팔릴까?', '어떤 디자인의 옷을 만들어야 소비자들에게 인기가 있을까?', '어떤 책을 만들어야 많은 사람들이 사서 읽을까?' 이렇게 하나의 물건이 만들어질 때에는 그 물건을 고를 사람들이 가장 좋아할 만한 것이 무엇인지 꼼꼼히 따져 보아야 해요. 은행이나 금융회사도 마찬가지인데 이곳에서는 물건이 아니라 예금이나 적금, 펀드 같은 금융 상품을 고객에게 팔아요. 브레인 퀀트는 바로 이런 금융 상품을 만드는 사람이에요.

　　그런데 이런 금융 상품은 장난감이나, 옷, 책처럼 눈으로 볼 수 있

고, 손으로 만질 수 있는 물건이 아니에요. 숫자로 이루어진 통계를 바탕으로 상품을 설계하고, 과연 이익을 낼 수 있을지 분석해서 알맞은 가격을 정하고 시장에 선보이는 거예요. 요즘에는 영화나 미술품에 투자하는 예술 펀드, 지구온난화와 맞물린 탄소 펀드 같은 상품도 만들고 있어요.

브레인 퀀트가 되기 위해서는 세계 경제의 흐름을 잘 알고, 주가나 시장의 움직임에 대해서도 정확하게 분석할 수 있어야 하고, 수학과 경제학, 통계학, 전산학을 공부해야 해요. 더불어 고객의 마음까지 읽을 수 있는 문화 심리학까지 알아야 하기 때문에 브레인 퀀트를 가리켜 금융계의 종합 예술가라고 부른답니다.

진지해와 정보통의 말·말·말.

 은행에 저금을 해도 이자가 적어서 수익이 많이 나지 않아. 그래서 사람들은 다른 금융 상품을 찾곤 해. 금융 상품을 만드는 사람이 브레인 퀀트야.

 그러면 초코 우유 펀드 같은 것도 가능한 거야?

 초코 우유 판매량에 따라 수익을 받는 펀드를 만들 수 있지. 하지만 펀드는 그냥 머릿속으로 이런 펀드면 어떨까 해서 만드는 게 아니야. 수익을 올릴 수 있는지 여러 가지로 조사를 한 다음에 만들어야 된다고.

미래네 가족 이야기

미래네 가족은 할아버지가 주신 유산을 금융 상품에 투자하려고 금융 기관을 찾았어요. 그곳에는 자신을 브레인 퀀트라고 소개하는 사람이 있었어요.

"자, 제가 만든 다양한 금융 상품을 보시고 자신에게 맞는 것을 선택하시기를 바랍니다. 평생 혼자 살기로 결정했다면 나 홀로 펀드를, 푸른 자연을 보호하고 싶다면 자연보호 펀드를, 세 자녀 이상을 원하신다면 다자녀를 위한 펀드에 가입하실 수 있습니다. 높은 수익률만 기대하지 마시고 자신에게 맞는 펀드가 어떤 것인지 꼼꼼하게 따져서 결정하시기를 바랍니다."

금융 기술 전문가
Financial Technologist

- ◎ 활동 분야 : 기업
- ◎ 업무 환경 : 매우 안전
- ◎ 임금 수준 : 매우 높음
- ◎ 전   망 : 매우 좋음

거리에는 수많은 은행과 증권사 등이 자리하고 있어요. 그곳에는 수많은 금융 상품들이 있어요. '이번에 적금이 만기되었는데 어디 좋은 상품 없을까?' 이렇게 고민하는 사람들에게 도움을 주는 직업이 바로 금융 기술 전문가예요.

금융 기술 전문가는 해당 금융 상품 및 산업의 동향에 대한 정보를 수집하고 재무 분석, 유망 업종 및 유망 기업 선정, 주가 전망 및 정보 분석을 담당해요. 또 기업과 개인의 투자 자료, 주식 및 채권 가격, 이율, 기타 투자 정보 등을 조사하고 분석해요. 금융 상품의 안정성, 수익성, 유동성을 분석하며, 개인 또는 기업에 투자 자문을 하고 투자할 것을 권하기도 해요.

금융 기술 전문가가 되기 위해서는 경영학, 경제학, 회계학, 통계학 등을 전공해야 해요. 정보에 대한 논리적 분석력, 상황에 대한 판단력과 집중력이 필요하고, 관련 수치 자료를 신속하고 정확하게 분석할 수 있어야 해요.

진지해와 정보통의 말·말·말.

 뉴스에서 보면 금융 상품에 가입했다가 손해를 보는 경우가 있던데.

 맞아. 어떤 회사에서 채권을 발행했다면 그 회사가 쓰러지기 전까지는 손해를 보지 않아. 하지만 회사들이 부도가 날 것을 알면서도 채권을 마구 발행하기도 해. 이런 불량 채권을 구입했다가 투자한 돈을 모두 잃을 수도 있어.

 진정한 금융 기술 전문가라면 그런 상품을 만들지도 않을 거고 고객에게 권하지도 않을 거야. 금융 기술 전문가는 책임감이 필요한 직업인 것 같아.

 맞아. 고객의 돈을 자신의 돈처럼 소중하게 생각하는 사람이 이 직업을 가져야 될 것 같아.

대안 화폐 전문가
Alternative Currency Banker

◎ 활동 분야 : 기업, 금융기관
◎ 업무 환경 : 매우 안전
◎ 임금 수준 : 매우 높음
◎ 전　　망 : 매우 좋음

옛날 옛날에는 돈이 없어도 사람들이 물건을 사고팔 수 있었어요. 닭이 필요한 사람은 닭과 바꿀 수 있는 다른 물건을 가지고 시장에 가서 물물교환을 할 수 있었어요.

대안 화폐는 현재 유통되고 있는 공인된 국가 화폐 외에 개인, 기업, 지방정부에서 만들어져 사용되는 뮤추얼 크레디트 화폐, 원자재, 물물교환과 같은 화폐 또는 상품을 말해요.

지금 전 세계 많은 사람들이 쓰고 있는 달러화 및 유로화는 안정성이 계속 떨어지면서 제 역할을 하지 못하게 될 수도 있어요. 재블린 전략 연구소에 따르면 2025년에는 20퍼센트 정도의 온라인 국제 거래가 대안 화폐로 이루어지며, 그 비율이 점점 증가할 것이라고 보고 있어요.

대안 화폐 전문가는 세계의 금융 정보를 수집하고 분석하며, 국제 금융시장에서 통용되는 대안 화폐 거래를 통해 기업, 금융기관의 최대 이익 창출에 힘쓸 거예요. 또 대안 화폐 거래의 위험 요소를 분석하고 자문을 담당하기도 할 거고요.

대안 화폐 전문가가 되기 위해서는 경영, 경제, 회계, 무역, 통계학 등을 전공하고, 기업 또는 금융기관에 입사한 후 금융 실무 능력을 쌓아야 해요. 변화에 빠르게 대처하고 분석력과 판단력, 자기통제 능력을 가지고 있어야 하며 경제 변동에 대한 지식과 외국어 실력도 갖추어야 해요.

진지해와 정보통의 말·말·말·

돈이 없어도 물건을 사고팔던 시대가 있었어. 지금도 가능하고.

대안 화폐도 그런 것 아닌가? 돈은 아니지만 돈 역할을 하는 것 말이야.

맞아. 미래에는 온라인 국제 거래에 대안 화폐가 많이 사용될 거라고 해. 물건 대 물건으로 교환하던 시대가 있었고, 돈으로 물건을 사던 시대, 그리고 카드를 통해 물건을 구입하는 시대를 지나 대안 화폐 시대를 맞이하는 거지.

아주 먼 미래에는 화폐가 사라지지 않을까? 마지막 화폐가 무엇이 될지 궁금하다.

매너 컨설턴트
Manner Consultant

◎ 활동 분야 : 기업, 프리랜서   ◎ 임금 수준 : 높음
◎ 업무 환경 : 매우 안전   ◎ 전   망 : 매우 좋음

　사람들이 물건을 살 때 상품들이 엇비슷하다면 아무래도 서비스가 좋은 쪽을 선택할 가능성이 있어요. 기업의 경쟁력이 인간이 가진 능력에서 나온다는 말도 있지요. 영업직 사원이나 임직원의 고객 서비스 및 국제 비즈니스 매너를 분석하고 문제점을 개선해 주는 교육 프로그램을 운영하는 전문가가 매너 *컨설턴트예요. 내용물이 똑같아도 좋은 그릇에 담긴 것을 사는 사람들이 있어요. 여기서 좋은 그릇을 매너로 볼 수도 있어요.

　고객 만족을 위해서는 고객 중심으로 생각하는 것이 필요해요. 매너

---

* 컨설턴트 : 기업 경영에 관한 전문적인 의견이나 조언을 말하여 주는 사람.

컨설턴트는 기업의 임직원, 전문직 종사자, 일반인, 세일즈맨에게 각각의 지위와 비즈니스 상대에 따라 복장, 컬러, 화술, 제스처, 에티켓, 커뮤니케이션에 대해 상담해 주는 역할을 해요. 고객이 내면에 가지고 있는 긍정적인 자질과 장점을 잘 표현할 수 있도록 조언해 주지요. 옷을 입는 것, 말투, 쓰는 어휘, 웃는 모습, 식사하는 모습, 기본예절, 대화의 범위 등이 모두 중요해요.

매너 컨설턴트가 되기 위해서는 국제 에티켓, 표정, 메이크업, 헤어, 패션, 제스처, 매너, 자세, 스피치 등 다양한 분야를 공부해야 하고 문화, 사회 전반에 관심이 있어야 해요. 또 오랜 기간 지속적으로 자기 계발을 할 수 있는 성실함과 인내심이 요구되어요. 매너 컨설턴트는 다른 사람의 이미지를 변화시켜 주는 일을 하기 때문에 자신의 이미지도 중요하다는 것을 기억하세요.

> 진지해와 정보통의 말.말.말.

- 두 명의 영업 직원이 똑같은 물건을 팔러 왔다면 넌 어떤 영업 직원의 물건을 살 것 같아?

- 글쎄, 같은 물건이라면 팔러 온 영업 직원의 태도를 보고 결정하겠지. 더 밝게 웃고 더 자신감 있게 설명하고 더 예의 바르게 행동하는 사람에게 마음이 갈 것 같은데.

- 그냥 잘생기거나 예쁜 사람한테 마음이 가는 것은 아니고?

- 아무래도 단정하게 옷을 입고 머리 모양도 세련되어 보인다면 마음이 더 갈 수 있지.

- 매너 컨설턴트가 하는 일이 그거야. 고객의 이미지를 변화시켜 주고 상황에 맞는 매너를 가르치는 거지.

- 나도 매너 컨설턴트에게 교육을 받으면 멋진 사람이 될 수 있을까?

- 물론이지. 매너 컨설턴트는 그런 마술을 부리는 사람일 거야.

오피스 프로듀서
Office Concierge

◎ 활동 분야 : 기업　　◎ 임금 수준 : 평균
◎ 업무 환경 : 안전　　◎ 전　　망 : 좋음

　미래에는 정해진 사무실에서 일하는 것이 아니라 어디서든 일을 하는 사무 공간의 확대가 이루어질 거라고 해요. 아마도 사무 환경을 갖춘 사무실을 임대해서 단기간 사용하는 일이 많아질 것 같아요.

　오피스 프로듀서는 임대 공간을 예약하고 필요한 시간에 필요한 공간과 설비를 마련해 주는 일을 하는 사람을 말해요. 고객이 한 사람 있다고 생각해 봐요. 그 고객은 아침 10시부터 오후 3시까지 사무실을 필요로 해요. 컴퓨터와 프린터, 팩시밀리가 필요하고 다른 사람들과 앉아서 회의를 할 수 있는 공간도 필요해요. 그렇다면 오피스 프로듀서는 이 고객이 원하는 것을 모두 들어주는 사무실을 마련해 주는 역할을 담당하는 거예요. 특정한 사무 공간뿐 아니라 음식 제공과 같은 서비스에도 신경 쓰는 등 고객을 최대한 도울 수 있어야 해요.

오피스 프로듀서는 임대 사무실 운영을 기획, 지휘 및 조정하고, 임대 가격 및 홍보 전략을 개발하는 데 참여해요. 또 사무실을 빌려 쓰는 고객의 불만과 요구 사항도 해결해야 해요.

오피스 프로듀서가 되기 위해서는 사무실 경영과 사무실 운영 전반에 대한 다양한 업무 경험을 통해 지식을 쌓아야 해요. 외국어 실력도 갖추어야 하고 고객을 돕는 서비스 정신과 리더십, 대인 관계도 원만해야 해요.

진지해와 정보통의 말.말.말.

오피스 프로듀서는 사무용품과 가구, 사무용 기기들을 적절하게 배치하는 것뿐 아니라, 사무실을 구하는 것부터 사무실 운영 목적에 맞게 사무실을 사용할 수 있도록 도움을 주는 사람이야.

그럼 내가 네모난 사무실이 싫어서 동그란 사무실에서 일하고 싶다고 하고, 매일매일 전 세계에서 가장 맛있는 아이스크림을 후식으로 먹겠다고 해도 그것을 제공해 줄까?

오피스 프로듀서는 많은 정보를 가지고 있으니까 그렇게 할 수 있을 거야. 단, 그 비용은 네가 내는 거라는 것을 명심해.

인재 관리자 Talent Aggregator

◎ 활동 분야 : 기업   ◎ 임금 수준 : 높음
◎ 업무 환경 : 매우 안전   ◎ 전　　망 : 매우 좋음

　미래 사회에는 한 건물 가득히 한 회사 사람들이 함께 일하는 그런 식의 대규모 조직은 더 이상 존재하지 않을 거라고 해요. 필수적이고 핵심적인 기능만을 남기고 나머지 업무는 아웃소싱이나 계약, 일시적인 고용으로 이루어지는 '프리에이전트의 사회'가 될 거라고 해요. 아웃소싱은 기업 업무의 일부를 경영 효과 및 효율의 극대화를 위해 제3자에게 맡겨 처리하는 것을 말하고, 프리에이전트는 일정 기간 자신이 속한 팀에서 활동한 뒤 다른 팀과 자유롭게 계약을 맺어 이적할 수 있는 자유 계약 선수 또는 그 제도를 말하는 거예요.
　인재 관리자는 수천 명의 개인 자료를 가지고 필요한 프로젝트에 인원을 공급하게 될 거예요. 인재 관리자는 인재를 발굴하고 그 인재를

홍보하고 인재를 파견하는 일을 해요. 철저한 분석 작업을 통해 직책, 나이, 연봉 등을 기준으로 의뢰가 들어온 임무에 적합한 사람을 선발하고, 대상자의 업무 수행 능력과 인성, 주변 평가를 고려해 프로젝트에 적합한 팀을 구성해요. 또 급여, 성과를 기준으로 지급하는 임금에 대한 계약도 진행해요.

인재 관리자가 되기 위해서는 심리학, 교육학, 사회복지학, 경영학, 경제학, 회계학, 행정학 등을 전공해야 해요. 외국인을 대상으로 하는 경우에는 외국어 구사 능력이 요구되고, 원활한 대인 관계와 배려심도 필요해요.

진지해와 정보통의 말.말.말.

 미래에는 평생 한 직장을 다니는 사람도 있지만 업무에 따라 계속 팀을 꾸려서 일을 하는 사람도 있겠구나.

 사람들은 운동선수처럼 몇 년에 한 번씩 계약을 할 수도 있고 운동선수들이 임대되어 다른 팀에서 뛰는 것처럼 될 수도 있겠네.

 자신의 능력을 끊임없이 개발해야 될 것 같아. 미래 사회가 지금보다 경쟁이 더 치열할 것처럼 보이는 건 왜지?

개인 브랜드 매니저
Personal Brand Manager

◎ 활동 분야 : 기업　　◎ 임금 수준 : 평균
◎ 업무 환경 : 매우 안전　◎ 전　　망 : 좋음

　미래 사회에서는 사람이 곧 브랜드가 될 거예요. 스타일리스트, 홍보 전문가, *코칭 전문가들이 개인 브랜드를 사회 혹은 네트워크 미디어에 노출시켜 개인을 홍보해서 브랜드를 만드는 서비스가 생길 거예요.
　개인 브랜드 매니저는 인적 자원 공급 회사, 헤드헌팅 회사에서 근무해요. 이들은 개개인의 경력 관리 실패와 성공을 평가해 그에 알맞은 개인 브랜드 패키지를 제공해요. 이를 통해 적절한 직업을 찾을 수 있는 기회를 높이고 자신의 이미지를 관리해 인생의 목표를 달성할 수 있도록 실생활에서 사용되는 개인의 이미지를 만들어 줘요.

---

* 개인이 지닌 능력을 최대한 발휘하여 목표를 이룰 수 있도록 돕는 일.

또 구직자의 적성과 기술에 알맞은 직업 정보를 제공하고 교육 수준, 개인적 특성을 파악해 취업 전략을 짜고 안정적인 직업 활동으로 유도해요.

개인 브랜드 매니저가 되기 위해서는 심리학, 교육학, 사회복지학 등을 전공해야 해요. 각종 자료들을 분석해 개인 브랜드 관리를 할 수 있는 분석력과 통찰력, 네트워크 활용 기술을 필요로 하며, 상담 및 심리에 관한 지식도 있어야 해요. 의사소통 능력과 타인에 대한 배려심이 필요하며 직업에 대한 이해와 봉사 정신이 요구되어요.

진지해와 정보통의 말.말.말.

미래에는 나 자신이 곧 브랜드가 되는 거야. 브랜드의 가치를 높이기 위해서 스타일리스트, 홍보 전문가도 필요한 거고.

개인 브랜드 매니저가 나에게 필요한 이미지도 만들어 준다니. 내가 사업을 한다면 굉장히 성공적인 사업가인 것처럼 이미지를 만들어 준다는 건가?

거짓말로 이미지를 만들 수는 없지만 어떤 것을 배우고 어떤 습관은 버리라고 조언할 수는 있겠지.

미래에는 내 인생에 간섭하는 사람들이 참 많을 것 같아. 사회가 발달할수록 인생은 고독하다더니 그것도 다 틀린 말인가 봐.

세계 자원 관리자
Global Sourcing Manager

◎ 활동 분야 : 기업, 정부
◎ 업무 환경 : 매우 안전
◎ 임금 수준 : 매우 높음
◎ 전   망 : 매우 좋음

"유럽발 위기로 인해 오늘 한국의 주식 시장은 매우 좋지 않은 흐름을 보였습니다."

여러분도 이런 뉴스를 들어 봤을 거예요. 우리나라의 경제는 혼자 떨어져서 움직이는 것이 아니라 전 세계의 영향을 받아요. 미래 사회의 경제는 나라별로, 대륙별로 훨씬 가까워지고 세계화 되어 있을 거예요. 기업들은 원자재와 정보, 인적 자원 등을 국가를 넘어 전 세계에서 구하게 될지도 모르지요. 세계 자원 관리자는 복잡한 자원과 인력의 공급, 에너지 무역, 국제적 고객의 수요, 법률적 요소, 전체 비용에 대한 고려, 프로젝트 계획 등에 대한 세계 전략을 구성하는 사람이에요.

세계 자원 관리자는 비용을 줄이기 위해 복잡한 자원이나 인력을 전 세계에서 구하는 것과 동시에 더 큰 이익을 보기 위해 에너지, 무역, 국제적 고객의 수요 등에 대한 세계화 전략을 짤 수 있어야 해요. 따라서 여러 나라의 언어와 문화, 법률적 위험 요소, 역사적 배경, 자연적 환경 등을 잘 아는 것이 중요해요.

세계 자원 관리자가 되기 위해서는 경영학, 경제학, 산업공학 등을 공부하고 해당 국가의 언어와 문화, 기업 문화, 행동 양식에 대한 다양한 이해를 갖추고 객관적으로 진단할 수 있는 능력이 있어야 해요.

최고 경험 관리자
Chief Experience Officer : CXO

◎ 활동 분야 : 기업, 정부　　◎ 임금 수준 : 매우 높음
◎ 업무 환경 : 매우 안전　　◎ 전　　망 : 매우 좋음

　　최고 경험 관리자는 고객 경험의 품질에 책임과 의무를 다하는 새로운 종류의 고위 경영진을 말해요. 고객의 입장에서 모든 서비스와 제품을 확인하고 고객에게 최고의 경험을 주기 위해 책임감을 가지고 노력하는 직업이에요. 최고 경험 관리자는 고객이 물건을 구매·사용·폐기하는 과정에서 고객에게 좋은 경험을 제공하려고 해요. 기업은 고객의 총체적 경험의 질을 높이는 데 중점을 두어요. 소비자가 제품을 구매하고 사용하는 과정에서 긍정적인 경험을 하도록 전략을 구상해요.

　　최고 경험 관리자가 되기 위해서는 경영학, 경제학을 전공하거나 기업의 성격에 따라 관련 학문을 전공해야 해요. 그리고 해당 분야에 대한 충분한 실무 경험과 지식을 갖추어야 해요.

창업 투자 전문가
Seed Capitalist

- ◎ 활동 분야 : 기업, 투자회사
- ◎ 업무 환경 : 매우 안전
- ◎ 임금 수준 : 높음
- ◎ 전　　망 : 좋음

　길을 지나가다 보면 음식점 간판이 자주 바뀌는 곳이 있어요. 탕수육 전문점, 조개구이집, 지금은 떡볶이집. 이렇게 금방금방 간판을 내리는 가게 주인에게는 창업에 대해 조언을 해 줄 사람이 필요해요. 창업은 사업을 처음 시작하여 이루는 것을 말하는데 창업을 위해서는 아이디어도 중요하고 체계적인 투자도 필요하고 많은 자본이 있어야 해요. 미래에는 클라우드 펀딩(crowd funding)이라고 해서 다수의 투자자가 돈을 모아 사업에 투자하는 일이 많을 거라고 해요.

　창업 투자 전문가는 미래의 창업 시장에서 창업 자본을 제공하는 기업 및 개인, 투자 조합, 클라우드 펀딩과 창업 아이디어 사이의 간격을 좁히는 역할을 수행해요.

기술을 가진 창업 희망자의 아이디어를 사업화하는 데 필요한 자본과 경영 노하우를 제공하고 투자 결정에 반영할 수 있는 정보를 제공해요. 창업을 할 때 위험한 점을 미리 제거하여 성공 확률을 높여 주는 역할도 하지요. 이를 위해서는 창업 희망자의 아이디어를 철저하게 분석하고 연구해야 해요. 사업을 해도 될 것 같다는 확신이 들면 투자 설명회, 홍보, 클라우드 펀딩 등 다양한 경로로 자금과 투자자를 모집해요. 수익, 주식 배분 비율과 절차 등을 정하는 일을 하는 거예요.

창업 투자 전문가가 되기 위해서는 경영학, 경제학, 국제경영학, 국제경제학, 금융보험학, 재무금융학, 통계학 등을 공부해야 하고 투자신탁이나 자산 운용사 등에서 일정 기간 경력을 쌓는 게 좋아요.

인도 전문가
India Specialist

◎ 활동 분야 : 기업, 정부　　◎ 임금 수준 : 높음
◎ 업무 환경 : 안전　　　　　◎ 전　　망 : 매우 좋음

　인도 하면 어떤 것이 떠오르나요? 카레, 터번, 아름다운 타지마할 궁전 등이 떠오르나요? 인도 여행을 해 본 사람은 알 거예요. 인도에 정말 많은 것은 사람, 그리고 아이들이에요. 2025년에는 인도의 인구가 15억 명으로 증가해 중국을 제치고 세계에서 가장 인구가 많은 나라가 될 거라고 해요. 중국도 산아 제한을 완화하고 인구 대국으로서의 명예를 지키려고 하고 있지만요. 인도는 발전 가능성이 무궁무진한 나라예요. 인도는 영어를 모국어처럼 구사하는 젊은 인구가 있고 IT가 발달한 나라이기도 해요.

　2015년 이후 인도의 성장률은 중국을 추월하여 2025년에는 세계 4대 경제권이 될 거라고 해요.

인도 전문가는 세계 4대 경제권이 될 인도의 경제적·사회적 상황을 파악하고, 변화를 예측할 줄 알아야 해요. 인도 시장을 개척하고 인도 진출 기업에게 상담도 해 주고요.

인도 전문가가 되기 위해서는 경영학, 경제학, 금융, 회계, 세무학, 무역, 유통학, 국제법을 전공해야 해요.

2025년까지 세상을 바꿀 여섯 가지 기술
(NIC '글로벌 트렌드' 보고서)

TIP 2

1. **바이오 기술** : 인간의 수명이 길어지면 길어진 만큼 여러 질병에 걸릴 위험도 높아요. 따라서 의료비가 눈덩이처럼 불어날 것이 뻔해요. 특히 신약 개발이나 신의료 기술 개발 비용은 더 많이 들 것이고 국가에서는 국민 건강관리에 에너지를 집중하게 되겠지요.

2. **에너지 저장 물질** : 에너지 저장 물질이 개발되면 석유 생산지에 전력 회사가 세워져 전 세계 흩어져 있는 가정에 직접 공급할 수 있게 되어요. 그렇게 되면 유조선, 유조 차량, 주유소, 정유 시설 등이 불필요해지고 각 가정에서는 전기를 받을 구멍 하나만 필요해요.

3. **바이오 연료와 바이오 기반의 화학재** : 바이오 연료를 사용하면 지구온난화의 원인인 온실가스를 줄일 수 있어요. 그렇게 되면 석유에 의존하지 않는 새로운 에너지 시대가 열릴 거예요. 특히 미국의 경우 중동의 산유국에 의지하지 않기 위해 새로운 에너지 개발 시장에 열을 올리고 있어요.

4. **클린 석탄 기술** : 클린 석탄 기술이 개발되면 석탄을 이용한 에너지가 생산되어 온실가스를 줄일 수 있게 되어요. 이는 곧바로 중동의 석유 생산 국가에 타격을 주게 되어 세계 에너지 시장의 흐름이 바뀌게 될 거예요.

5. **사교 로봇** : 이미 단순한 일을 담당하는 로봇과 자동차 공장에서 복잡한 공정을 맡는 로봇들은 나와 있어요. 2025년이 되면 센서, 발동기, 전력 시스템 등을 담당하는 로봇이 등장하고 여러 서비스 분야에서 사람 대신 로봇이 일을 할 거예요.

6. **인터넷** : 2025년까지 인터넷망이 연결되지 않는 곳은 없을 거예요. 어느 지역에서만이 아니라 전 세계적으로 어떤 곳에 있는 물건이 비싸고, 어떤 곳에 있는 물건이 싸다는 정보가 공개된다면 가격 조정이 이루어질 거예요.

3
의료·복지 분야

호기순 기자   여기는 의료·복지관입니다. 미래에는 의료 기술이 발달할 것이고 지금보다는 복지 분야도 발전했을 것입니다. 미래에는 의료와 복지와 관련된 직업이 많을 것이라고 생각됩니다.

진지해   호기순 언니, 의료 분야가 발달하면 생명 연장의 꿈도 실현되는 건가요?

호기순 기자   생명 연장의 꿈이 실현될 수밖에 없을 거예요. 평균연령은 계속 높아지고 있어요. 아무래도 의료 기술이 발달하면 사람들이 오래 살게 되고 지금도 그렇지만 사회는 점점 더 고령화 사회가 될 거예요. 그렇게 되면 복지가 강화될 필요도 생길 거고요.

정보통   그래서 의료와 복지를 같이 볼 수 있는 거구나. 의료 분야는 나도 관심 있는 분야인데 어떤 직업이 있는지 볼까?

복제 전문가
Clone Rancher

◎ **활동 분야** : 기업, 연구소, 대학　　◎ **임금 수준** : 높음
◎ **업무 환경** : 매우 안전　　　　　　◎ **전　　망** : 매우 좋음

　　복제란 자연 상태의 생물 개체가 자신과 동일한 개체를 생산하는 것을 뜻해요. 복제 기술을 이용하면 세계의 수많은 환자들을 치료할 수 있어요. 병에 걸렸거나 손상된 장기를 대신하여 자신의 장기를 복제하는 것은 기존 의술로는 치료가 불가능한 환자들의 마지막 희망이에요. 또 멸종된 생물이라도 표본만 있으면 유전자를 뽑아내는 일이 가능해지는 등 사회적 이용 가치가 많은 기술이에요.

　　생명 복제 기술을 이용한 불임 치료와 멸종 동물 복원, 동물 형질전환 기술 등의 연구가 복제 전문가가 할 일이에요. 또 미생물 유전자 해석 및 기능, 미생물 대사 산물 이용 기술, 미생물의 농업·환경·식품 이용 기술, 식물 유전자 해석 및 기능, 식물 조직 배양 기술, 식물 형질전

환 기술 연구도 진행해요.

복제 전문가가 되기 위해서는 생물학, 생물공학, 생명과학, 생명공학, 유전공학, 농업생명과학, 의·약학계열 등을 전공해야 하며, 자연법칙과 과학적 연구 방법을 이해하고 적용할 수 있어야 해요. 생명체나 생명 현상에 대한 다양한 관심과 호기심을 갖고 있는 사람에게 적합하며, 실험실에서 장시간 실험·분석하는 일이 많기 때문에 꼼꼼함과 세밀함, 인내심이 요구되어요.

진지해와 정보통의 말.말.말.

- 멸종한 동물을 다시 복원하는 게 가능하다고?
  와, 그러면 책에서만 보던 공룡, 맘모스, 시조새를 다시 볼 수 있는 거야?

- 표본이 있다면 다시 유전자를 뽑아서 복원할 수 있다는 거지.

- 나는 나와 똑같은 사람을 만드는 것만 복제라고 생각했어.

- 그것도 먼 미래에는 가능하지 않을까? 하지만 그게 가능해진다면 사회가 혼란스러워질 거야. 사람들은 복제 인간을 갖고 싶어 하겠지만 복제 인간이 내 말을 고분고분 들을지는 알 수 없어.

미래네 가족 이야기

 미래는 복제 전문가가 있다는 말을 듣고 꼭 만나고 싶었어요. 복제 전문가에게 꼭 자신을 한 명 더 만들어 달라고 부탁할 생각이었거든요. 미래는 하루 종일 학교 공부에, 학원 공부까지 무척이나 바빴어요. 인간 복제 기술이 완성되지 않았다면 미래를 닮은 양 한 마리도 괜찮다고 생각했어요. 미래 대신 학원에 보낼 수만 있다면요.
 "전문가님, 제발 저 좀 복제해 주세요. 저 대신 공부 좀 열심히 해 줄 착한 복제 인간이면 됩니다."
 "그건 복제 전문가가 아니라 로봇 전문가를 찾아가야 될 것 같은데요. 똘똘한 로봇이라면 대신 학원 다니는 것쯤은 문제도 아닐 테니까요."

기억 수술 전문 외과의
Amnesia Surgeon

◎ 활동 분야 : 병원, 의과대학 ◎ 임금 수준 : 매우 높음
◎ 업무 환경 : 안전 ◎ 전　　망 : 매우 좋음

어제 학교에서 실수로 넘어진 게 너무 창피해요. 어렸을 때 엄마에게 버림받았던 기억이 떠오르면 괴로워요. 사람은 누구나 나쁜 기억을 가지고 있어요. 그냥 좀 창피한 기억일 수도 있지만 그 기억으로 인해 삶이 고통스러울 수도 있어요.

또 어떤 사람은 금을 보면 절대 밟지 않는 강박증을 가지고 있어요. 그렇다면 이 강박증을 수술로 없앨 수 있을까요?

기억 수술 전문 의과의는 인간의 뇌에서 나쁜 기억이나 파괴적인 행동을 제거해 주는 의사예요.

미래 사회에는 뇌의학의 발달로 인해 정신 질환을 수술로 치료하는 것이 가능해져요. 기능성 MRI 같은 진단 기기와 '뇌 네비게이션 기법'

등의 수술 기술이 발달해, 별다른 부작용 없이 문제가 되는 행동이나 생각을 유발하는 뇌의 특정 부위만 파괴하는 수술이 가능해지는 거예요. 자살에 이르게 하는 우울증이나 강박 장애 환자에게 특정 부위의 뇌수술을 실시하는 거예요. 알츠하이머성 치매 치료와 악성 뇌종양 치료도 기억 수술 전문 외과의의 연구 분야예요.

기억 수술 전문 외과의가 되기 위해서는 의학을 전공하고 의사 면허를 취득한 후 수련의 과정을 거쳐 신경외과 전문의 자격을 취득해야 해요. 수술이나 치료를 위한 정교한 손동작이 가능해야 하며, 치료 방법에 대한 빠른 판단력과 분석력이 필요하고, 위급 상황에 효과적으로 대처할 수 있는 능력이 요구되어요.

> 진지해와 정보통의 말.말.말.

- 나쁜 기억을 없애 주는 수술이라면 나에게도 필요한 것 같아.

- 잘 생각해 봐. 그냥 엄마에게 혼났던 기억이 싫은 것인지, 정말로 그것 때문에 사는 게 힘들고 고통스러운지.

- 그런데 나쁜 기억을 없애 주는 수술이 가능하다면 좋은 기억을 심어 주는 수술도 나중에는 가능하지 않을까?

- 그건 정말 위험한데? 그렇게 되면 내 기억이 진짜 내 기억인지 만들어진 기억인지 알 수 없잖아.

- 의학의 발달이 내 삶을 너무 침해하지 말았으면 좋겠다. 기억 수술이 꼭 필요한 사람들만 수술을 했으면 좋겠고.

생체 로봇 외과의
Bio-Botic Physician

◎ 활동 분야 : 병원, 의과대학
◎ 업무 환경 : 안전
◎ 임금 수준 : 매우 높음
◎ 전　　망 : 매우 좋음

상상해 보세요. 초소형 생체 로봇이 혈관 속에서 막힌 혈관을 뚫는 모습을요. 그게 한 10년쯤 뒤면 가능해질 거라고 해요. 살아 있는 동물의 혈관 안에서 이동시킬 수 있는 치료용 로봇인 나노봇이 개발되면 혈관 질환, 심장 질환을 수술하지 않고 치료할 수 있어요. 사람의 혈관 속에서 이동할 수 있는 로봇이라니, 얼마나 작은지 상상이 되나요?

현재 생체 로봇 연구는 로봇공학을 이용한 의수나 의족 제작에 초점이 맞추어져 있어요. 하지만 미래의 생체 로봇 외과의는 생체 로봇을 이용한 심혈관 질환 치료와 손상된 장기나 신체의 일부를 생체 로봇으로 대체하는 장애 치료를 담당해요.

생체 로봇 외과의가 되기 위해서는 의학을 전공하고 의사 면허를 취득한 후 수련의 과정을 거쳐 신경외과 전문의 자격을 취득해야 해요. 기억 수술 전문 외과의와 마찬가지로 수술이나 치료를 위한 정교한 손동작이 가능해야 하며, 치료 방법에 대한 빠른 판단력과 분석력이 필요하고, 위급 상황에 효과적으로 대처할 수 있는 능력이 요구되어요.

진지해와 정보통의 말·말·말·

- 와, 사람의 몸속에 로봇이 들어가서 치료를 한다고?

- 그래. 그것도 사람의 혈관 속을 돌아다니면서 치료한다는데 얼마나 작을지 상상이 안 되네.

- 치료용 로봇인 나노봇이 사람들의 혈관 질환, 심장 질환을 치료하는 거구나. 수술 없이 말이야.

- 로봇으로 인간을 만들 수는 없어도, 로봇공학에 의해 만들어진 신체의 일부는 인간의 신체와 유사해질 거래. 이를 이용해 인간의 미세한 신경을 흉내 내는 단계까지 이를 거라고 하네.

- 생체 로봇 외과의는 세상에서 가장 작은 외과의가 되겠구나.

장기 취급 전문가
Organ Agent

◎ 활동 분야 : 병원	◎ 임금 수준 : 평균
◎ 업무 환경 : 매우 안전	◎ 전 망 : 좋음

　장기이식을 기다리는 환자가 많이 있다는 것을 알고 있나요? 우리 몸에 있는 장기의 기능이 다하면 장기이식을 받아야 해요. 장기이식은 다른 사람의 장기를 이식하거나 인공장기를 이식하는 것, 그리고 자신의 성체 줄기세포를 특정 조직으로 변화시켜 자신에게 다시 이식하는 방법이 있어요. 이 방법은 자기 면역적 거부반응과 이식 장기가 부족한 문제를 해결하는 좋은 방법이기도 해요.

　하지만 줄기세포 치료법은 비용이 많이 들고 안정성의 문제도 있어서 타인의 장기를 기증받아서 이식하는 방법과 인공장기를 이용하는 장기이식 방법이 계속 쓰일 거예요.

　장기 취급 전문가는 장기 기증자(판매자)와 장기 이식자를 연결하고 지원하며, 적절한 인공장기에 대한 정보를 제공해요. 장기이식 안전성 강화를 위한 사전 검사, 부작용 보고 및 조사도 담당해요. 장기 매매 및 알선을 방지하는 일에도 만전을 기해요.

장기 취급 전문가가 되기 위해서는 사회복지학, 간호학, 심리학, 임상병리학을 전공해야 해요. 또 환자 관리를 위한 상담 능력, 원활한 의사소통 능력이 필요하고, 의료 상식과 경영 능력도 있어야 해요.

진지해와 정보통의 말.말.말.

- 오늘 신문에서 봤는데 어린 아이가 네 명에게 장기를 주고 세상을 떠났대.

- 아, 슬프다. 그 아이 부모님은 얼마나 마음이 아팠을까?

- 장기 기증은 정말 숭고한 일이야. 장기 취급 전문가는 생명을 구하는 일을 돕는 거고.

- 불법으로 장기 매매를 하는 사람들이 있다고 하던데.

- 그건 범죄지. 장기이식은 합법적으로 이루어져야 해. 아무 장기나 이식했다가는 큰일 난다고. 그래서 이 직업이 소중한 거야. 알겠지?

유전자 상담사
Genetic Counselor

◎ 활동 분야 : 병원, 진료소, 복지기관	◎ 임금 수준 : 높음
◎ 업무 환경 : 매우 안전	◎ 전 망 : 좋음

   미래에는 지금보다 유전공학이 더 발달할 거예요. 전문가들은 2020년까지 유전자 검사가 3만 5,000여 가지로 증가할 것으로 예측하고 있어요.
   유전자 검사는 질병을 예측하는 일을 가능하게 할 거라고 해요. 검사를 통해 환자들이 질병에 대비할 수 있다는 장점이 있지만, 발병률이 높게 나오면 그것 때문에 심리적으로 불안 증상을 보일 수도 있어요. 이럴 때는 유전자 정보와 지식을 가지고 있는 사람과 상담을 할 필요가 있어요. 이 역할을 하는 사람이 유전자 상담사예요.
   유전자 상담사는 유전자 검사를 통해 얻은 개인의 유전 정보에 따라 예측할 수 있는 일들을 상담해 주고 정서 장애와 질병을 예방하고 관리해 줘요. 또 학습 관련 유전자 검사를 통해 개인의 선천적인 재능과 적성을 알아보고 학습과 진로 상담도 해 주지요.

유전자 상담사가 되기 위해서는 의학, 교육학 및 생물학, 간호학, 위생학 등을 전공해야 하며, 고객이 어떤 상태인지 파악할 수 있는 통찰력, 추리력, 분석력이 필요해요. 원활한 의사소통 능력과 함께 고객의 마음을 이해하고 어려운 상황에서도 인내심을 유지하는 능력도 있어야 하고요.

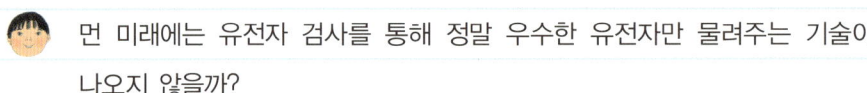

진지해와 정보통의 말.말.말.

- 먼 미래에는 유전자 검사를 통해 정말 우수한 유전자만 물려주는 기술이 나오지 않을까?

- 그러면 사람들은 모두 잘생기고 똑똑하고 그렇게 되는 건가?

- 그러니까 거기서 더 발전하면 우수한 유전자를 가진 사람만 아기를 가지게 한다거나 해서 사람들을 모두 비슷비슷하게 만들지 않을까 걱정이 돼.

- 그건 유전자 조작이지. 유전자 상담사는 이미 가지고 태어난 유전자를 가지고 상담을 하는 거야. 어떤 질병에 걸릴 수 있고, 어떤 쪽에 재능이 있는 것 같다고 말이야.

- 그런가? 그럼 내 미래를 맞추는 건 족집게 도사님이 아니고 유전자 상담사가 아닐까?

치매 치료사
Alzheimer's Disease Therapist

◎ **활동 분야** : 병원, 진료소, 복지기관, 요양기관
◎ **임금 수준** : 높음　◎ **업무 환경** : 안전　◎ **전망** : 매우 좋음

　치매란 의식이 맑은 상태에서 통상적인 사회생활이나 대인 관계에 장애를 초래할 정도로 기억을 비롯한 여러 가지 지적 기능에 장애가 있는 것을 말해요. 치매의 원인은 잘 알려지지 않았지만 노화가 가장 큰 위험 인자인 것은 분명해요. 유전적 요인도 있다고 해요.

　2020년대에는 치매의 발병을 절반 이하로 줄일 수 있는 의료 기술이 개발될 거예요. 치매를 완전히 치료할 방법은 인간의 뇌와 신경 시스템이 세포 단위로 연구되는 2040년 이후에 가능해질 것으로 보여요.

　치매 치료사는 치매 가족이 처한 상황과 문제를 파악하고, 문제 해결을 위한 자료를 수집, 분석해 대안을 제시해요. 치매의 원인을 찾기 위해 자세한 병리 조사 등을 하고요. 약물을 이용한 증세 완화와 영양 섭

취를 유도하고 가족의 어려움을 이해하는 역할을 담당해요.

치매 치료사가 되기 위해서는 의학, 간호학, 사회복지학 등을 전공해야 해요. 의학, 간호학, 사회복지학 등 전공에 따라 치매 치료사가 맡는 역할이 달라진다고 해요.

진지해와 정보통의 말·말·말.

- 치매는 정말 무서운 질병인 것 같아. 기억을 잃고 말을 잃고 어떻게 행동해야 하는지를 잊는 거잖아.

- 치매에 걸리면 가장 두려운 게 사랑하는 사람들에게 고통을 주는 것과 내가 내 행동을 억제하지 못한다는 것인데, 너무 힘들 것 같아.

- 가족들도 정말 힘들 거야.

- 치매는 2020년대에는 지금의 절반 이하로 줄어들 수 있다고 했어. 그리고 2040년 이후에는 치료가 가능해질 거라고 해.

- 그러면 이 직업은 2040년 이후에는 결국 할 일이 없어지는 거 아니야? 음, 다른 직업을 찾아봐야 할 것 같은데?

임종 설계사
End-of-Life Planner

◎ 활동 분야 : 병원, 진료소, 복지기관
◎ 임금 수준 : 평균
◎ 업무 환경 : 안전
◎ 전   망 : 좋음

　죽음을 맞이하는 일을 돕는 직업이 임종 설계사예요. 죽음을 같이 겪을 수는 없어요. 하지만 죽음을 준비하는 일을 도울 수는 있어요. 점점 평균수명이 늘어나면서 우리 사회는 고령 사회로 진입하고 있어요. 죽음은 나이 순으로 찾아오지는 않지만 노인에게 죽음은 언젠가는 찾아올 손님과도 같아요. 그 손님을 잘 맞이하기 위해 죽음을 준비하는 훈련이 필요해요. 임종을 지켜 줄 가족이 없는 경우도 있기 때문에 쓸쓸히 죽음을 맞이하는 사람도 있어요.

　편안한 마음으로 품위 있게 세상과 작별할 수 있도록 돕는 것이 임종 설계사의 할 일이에요. 자살 예방 교육을 하고, 존엄사와 안락사 안내도 해요. 존엄사는 인간으로서 지녀야 할 최소한의 품위를 지키면서 죽을

수 있게 하는 행위를 말해요. 의사는 환자의 동의 없이 원칙적으로 치료 행위를 할 수 없다는 것으로, 소극적 안락사라고도 해요. 안락사는 극심한 고통을 받고 있는 불치의 환자에 대하여, 본인 또는 가족의 요구에 따라 고통이 적은 방법으로 생명을 단축하는 행위예요. 호스피스 알선과 장례 절차에 대해서도 미리 이야기를 해요. 호스피스는 죽음이 가까운 환자를 입원시켜 위안과 안락을 얻을 수 있도록 하는 특수 병원을 말해요.

임종 설계사가 되기 위해서는 심리학, 사회복지학, 노인학, 간호학, 상담학을 전공해야 하며 장례 문화와 사망에 관계되는 법적, 사회적 문제들을 알고 있어야 해요.

두뇌 시뮬레이션 전문가
Human Brain Simulation Technician

◎ 활동 분야 : 연구소, 의과대학　　◎ 임금 수준 : 매우 높음
◎ 업무 환경 : 안전　　　　　　　　◎ 전　　망 : 매우 좋음

인간의 뇌에는 얼마나 많은 비밀이 숨어 있을까요? 두뇌 시뮬레이션 전문가는 인간 두뇌의 생리 과정과 기능에 대해 시뮬레이션을 구축하는 사람이에요. 인간의 뇌는 인간의 신체 중에서도 가장 베일에 싸여 있어요. 인간의 사고와 행동 원리를 설명하지 못하는 부분도 있어요. 인간의 뇌는 공통의 연구 대상이며 뇌의 비밀을 풀기 위해 다양한 연구가 진행되고 있어요.

　시뮬레이션은 복잡한 문제나 사회현상 따위를 해석하고 해결하기 위하여 실제와 비슷한 모형을 만들어 모의적으로 실험하여 그 특성을 파악하는 일을 말해요.

　두뇌 시뮬레이션 전문가는 과학과 시뮬레이션, 슈퍼컴퓨팅의 결합으

로 두뇌 시뮬레이션에 이르는 단계별 연구를 진행해요. 또 뇌의 구조와 기능을 정확하게 이해해 반도체 설계에 활용하는 기술 연구 등, 두뇌 시뮬레이션의 다양한 응용 방법을 개발해요.

두뇌 시뮬레이션 전문가가 되기 위해서는 의학, 생물학, 뇌공학, 컴퓨터공학을 전공해야 하며, 자연법칙과 과학적 연구 방법을 이해하고 적용할 수 있는 논리적인 분석력, 창의력과 종합적인 판단력을 갖추어야 해요. 또 생명체나 생명 현상에 대한 관심과 호기심을 갖고 있는 사람이어야 하며, 실험실에서 장시간 실험, 분석하는 일이 많기 때문에 꼼꼼함, 세밀함, 인내심도 요구되어요. 문제가 발생했을 때 원인을 찾아 해결하는 끈기도 필요하고요.

4 환경·에너지 분야

호기순 기자 이곳은 환경·에너지관입니다. 일본의 쓰나미 사태로 원자력발전소의 안전성에 대한 관심이 매우 높아졌습니다. 독일, 스위스, 이탈리아는 원자력발전소의 폐쇄를 결정하고 다양한 대체에너지 연구 개발에 들어갔습니다. 태양광 바이오 연료(미세 조류), 풍력 외에 앞으로 어떤 대체에너지들이 개발될지 미래의 과학자들의 손에 달려 있답니다. 또 자원 고갈 등으로 수많은 신소재들이 연구되고, 몇 년 후에는 유전자 공학이 대중화되어 질병 예방이 쉬워질 것으로 내다보고 있어요. 그런가 하면 지구온난화와 환경오염으로 미래의 지구촌 기후가 몹시 우려되고 있는 상황에서 여러분은 어떤 분야에서 일하며 인류의 미래를 책임지게 될까요?

인류의 미래가 달린 흥미진진한 환경·에너지관에서 미래 지구촌을 책임지겠다는 사명감으로 미래 직업을 탐구해 보도록 해요.

그런데 정보통 친구와 진지해 친구가 안 보여요. 어디 있나요?

우주 관리인 Space Sweeper
Space Junk Recycler

◎ 활동 분야 : 기업, 연구소, 대학, 항공우주산업체
◎ 임금 수준 : 높음 ◎ 업무 환경 : 안전 ◎ 전망 : 매우 좋음

우리 눈에는 보이지 않지만 우리가 살고 있는 지구 상공 궤도에는 기능을 다한 인공위성과 로켓의 잔해, 파편 등이 떠돌아다니고 있어요. 이것을 우주 쓰레기라고 해요. 지구 주위에는 10센티미터 이상의 우주 쓰레기가 1만 개 이상 있는 것으로 알려져 있어요. 우주 쓰레기는 2025년에는 지금보다 2.5배로 늘어날 것이라는 전망이에요. 이 우주 쓰레기들은 아무렇게나 떠돌아다니면서 위성과 충돌하기도 하고, 통신이나 다른 기능에 장애를 주기도 해요. 쓰레기 파편 하나가 우주정거장에 접근해 체류 중이던 우주 비행사 13명이 황급히 피난하는 소동도 벌어졌어요.

이렇게 우주를 떠도는 쓰레기 때문에 전 세계가 골머리를 앓고 있어요. 아무리 우주가 넓다지만 떠돌아다니면서 위협을 주는 우주 쓰레기

들을 방치할 수는 없어요. 우주 쓰레기를 모아 대기권 내로 담는 기술이 필요한 시기가 올 것이라고 전문가들은 내다보고 있어요.

우주 관리인은 국제 우주 연구소나 항공 우주 전문 분야에서 일을 하게 돼요. 로봇공학이나 우주산업 관련 연구원과 비슷한 일을 하는 거예요. 미래 인류의 생존을 위해 꼭 필요한 분야이므로 발전 가능성도 굉장히 높아요.

우주 관리인은 단순한 청소부가 아니라 인공위성과 우주선 발사에 집중되어 있는 현재의 우주공학에서 새로운 분야를 개척하는 역할을 맡아 인공위성, 레이저 또는 신기술을 이용해 우주 쓰레기를 효과적으로 처리할 기술을 연구하게 될 거예요.

우주 관리인이 되기 위해서는 항공우주공학, 로봇공학, 교통, 운송학 등을 전공하고 분석력, 판단력이 필요해요.

진지해와 정보통의 말·말·말.

 쓰레기는 어디에서나 문제가 되네. 우주에도 쓰레기가 있다니.

 우주 쓰레기를 치우는 것은 많은 기술이 필요해. 우주 관리인은 청소만 하는 사람이 아니야. 우주공학에 필요한 기술을 다 알고 있어야 하지.

 난 청소기를 밀어서 우주를 청소할 수 있을 줄 알았는데 어렵네.

미래네 가족 이야기

　미래네 가족은 4D 영화를 보기 위해 극장을 찾았습니다. 영화 제목은 〈우주 관리인 모모의 49일〉이었습니다. 주인공 모모는 성실한 우주 관리인으로 우주를 깨끗이 청소하며 하루하루를 행복하게 살아가고 있었습니다. 그러던 어느 날 모모는 거대한 로켓이 떨어졌다는 곳으로 청소를 하러 갔습니다. 로켓을 치우기 위한 모모의 49일 동안의 모험이 스크린 상에 펼쳐졌습니다. 모모가 우주 쓰레기들을 치울 때마다 관객들의 얼굴로 쓰레기가 날아들었습니다. 관객들은 쓰레기를 피하며 소리를 지르고 모모가 어서 저 로켓 쓰레기를 다 치우기를 기원했습니다. 영화는 모모 혼자 거대한 로켓을 다 치운 것으로 막을 내렸습니다. 4D로 보아서 더 실감 나는 재미있는 영화였습니다.

에너지 수확 전문가
Energy Harvester

- ◎ 활동 분야 : 연구소, 전자기업, 대학
- ◎ 업무 환경 : 안전
- ◎ 임금 수준 : 높음
- ◎ 전　　망 : 매우 좋음

　농부 아저씨들이 가을에 곡식을 거두어들이는 것을 수확한다고 말하듯이 에너지도 수확을 할 수 있어요.

　2007년 미국의 MIT는 군중 발전소(crowd farm)라는 에너지 수확 기술을 발표했어요. 이 기술은 '피에조 전기(piezoelectricity)'라고 불리는 압전기의 원리를 이용한 것이에요. 많은 사람들이 지나가는 장소에 푹신한 바닥재를 깔아 놓고, 그 속에 외부 충격을 이용해 전기를 생산하는 전기 전환 장치를 설치해 전기 에너지를 생산한 것이지요.

　2011년 초에 미국의 미시간대학교 연구진은 무릎에 장착할 수 있는 에너지 수확 장치를 개발하는 데 성공했어요. 이 장치는 걷는 동작만으로도 휴대용 GPS 수신기, 핸드폰, 전동 의수 등을 동작시킬 수 있을 정도의 전력을 생산할 수 있대요.

에너지 수확 기술은 단순히 아이디어성 기술로 보이지만, 휴대용 기기의 동작 전류가 *밀리암페어에서 *마이크로암페어 수준으로 떨어지면 시장 가치가 있다고 내다보고 있어요. 에너지 수확 기술의 2020년 시장 규모는 40억 달러로 추정되고 있어요.

에너지 수확 전문가는 운동, 빛, 열에너지를 전기에너지로 바꾸는 연구를 하며 센서, 저장 장치, 무선통신 *인터페이스를 개발해요. 에너지 변환의 효과를 높이는 기술과 전력을 모으는 기술도 함께 연구할 거예요.

에너지 수확 전문가가 되기 위해서는 물리학, 기계공학, 에너지자원공학, 전자공학, 시스템공학 등을 공부해야 한대요. 게다가 새로운 분야인 만큼 창의력과 분석력이 필요한 직업이기도 해요. 기계, 전자공학 기술에 대한 기본 지식을 갖추어야 하고요. 번뜩이는 아이디어를 써먹을 곳이 없어 고민하는 친구가 있다면 지금부터 관심을 갖고 준비해도 좋을 거예요.

---

* 밀리암페어 : 전류의 단위. 1밀리암페어는 1암페어의 1,000분의 1이다. 기호는 mA.
* 마이크로암페어 : 전류의 단위. 암페어[A]의 100만분의 1(10−6A)이다.
* 인터페이스(interface) : 서로 다른 두 시스템, 장치, 소프트웨어 따위를 서로 이어 주는 부분. 또는 그런 접속 장치.

> **진지해와 정보통의 말.말.말.**

- 수확은 농부가 하는 것 아니야? 에너지 수확은 뭐야?

- 에너지 수확 전문가는 우리 주변에 흔히 있는 운동, 빛 전파 에너지를 압전, 광발전, 열전 및 유도 장치들을 이용해 전기 에너지로 바꾸는 일을 해. 에너지 수확은 생각보다 생활 속에서 많이 활용되고 있어. 무궁무진한 시장이 있다고 봐도 될 거야.

- 전력을 생산하는 일을 하는 셈이네.

- 우리 주변에는 버려지는 에너지가 많이 있어. 이러한 에너지를 유용한 에너지로 돌려놓기 위해 연구가 필요한 거지. 에너지 수확 전문가는 에너지 절약 전문가이기도 할 거야.

제4세대 핵 발전 전문가
4th Generation Nuclear Power Expert

- 활동 분야 : 원자력연구소, 대학, 원자력발전소
- 임금 수준 : 높음　◎ 업무 환경 : 보통　◎ 전망 : 좋음

　일본의 후쿠시마 원자력 발전소 사고로 인해 원자력발전소의 안전성에 대한 관심이 매우 높아요. 하지만 화석 연료가 점점 줄어들고, 아직까지 마땅한 대체에너지 생산이 지지부진한 상태에서 원자력 발전은 어쩔 수 없는 선택이 될 수도 있어요. 우리나라도 2022년까지 원자력 발전량 비중을 48퍼센트까지 높일 계획이래요. 원자력 발전이 꼭 필요하다면 안전에 더 신경을 쓸 수밖에 없어요. 그래서 '제4세대 원전'의 기술 개발을 기대하고 있는 거예요.

　제4세대 원전은 2030년대 이후의 혁신적인 원자력 시스템을 목표로 하고 있어요. 혁신적인 기술 목표는 지속성, 안전성, 신뢰성, 경제성 및 자원 재활용성, 핵 비확산성 등이에요.

4. 환경·에너지 분야

제4세대 핵 발전 전문가는 원자력을 이용하는 신에너지 기술 연구 개발과 방사선 응용과학 연구 개발을 하게 돼요.

제4세대 핵 발전 전문가가 되기 위해서는 물리학, 기계공학, 시스템공학, 에너지자원공학, 원자력공학을 공부해야 해요.

진지해와 정보통의 말.말.말.

- 일본에서 원자력발전소 사고가 난 이후 모두가 핵의 위험성에 대해서 다시 이야기하고 있어.

- 맞아. 원자력발전소 사고는 정말 끔찍했어. 지금도 해결되지 않은 문제고.

- 제4세대 핵 발전 전문가는 원자력 발전의 안전성을 높이기 위해 연구하는 직업이네.

- 제4세대가 2030년대 이후를 말하는 거구나. 진짜 진짜 미래 세대처럼 느껴진다.

- 원자력 발전소가 위험하지만 우리한테 꼭 필요한 것인 만큼 잘 연구해서 안전하게 이용하면 좋을 것 같아.

날씨 조절 관리자
Weather Modifier

◎ 활동 분야 : 기상연구소, 대학 ◎ 임금 수준 : 높음
◎ 업무 환경 : 안전 ◎ 전   망 : 좋음

인공 강우가 최초로 성공한 것은 1946년이에요. 미국 제너럴일렉트릭사 빈센트 섀퍼 박사는 안개로 가득 찬 냉장고에 드라이아이스 파편을 떨어뜨리면 작은 얼음 결정이 만들어진다는 사실을 발견했어요. 여기에 착안한 그는 실제 구름에 드라이아이스를 뿌리면 눈을 만들 수 있겠다는 생각을 하고는 비행기를 타고 미국 매사추세츠 주 바크처 산맥 4,000미터 높이로 올라가 구름에 드라이아이스를 뿌렸어요. 그러자 5분 뒤 구름은 눈송이로 변해 땅으로 떨어졌어요.

중국은 2008년 베이징 올림픽 당시 개막식과 폐막식 때 비가 내리지 않게 하기 위해 비구름에 인공 강우 성분을 살포해 다른 지역에 비가 내리도록 했대요. 중국은 이미 50년 전부터 인공 강우를 연구해 왔고

2,000여 개의 지역에 유도하는 장치가 있다고 해요. 날씨 조절 관리자는 인공강우 기술을 실용화하고, 환경문제의 부작용을 줄이는 방안을 연구해 급격한 기후 변화로 인한 피해를 줄이는 역할을 해야 해요.

날씨 조절 관리자가 되기 위해서는 기상학, 대기과학, 대기역학, 대기물리학, 우주기상학 등을 공부하는 게 좋아요. 새로운 호기심과 창의력을 가진 친구들에게는 아주 그만이겠어요. 하지만 실험실에서 오랫동안 실험하고 분석하는 일이 많기 때문에 관찰력과 끈기도 있어야겠지요.

진지해와 정보통의 말·말·말.

- 날씨 조절을 할 수 있으면 비 때문에 운동회가 취소되는 일은 없겠네?

- 학교 운동회를 취소하지 않으려고 날씨를 조절할 수는 없지. 날씨 조절은 국가적인 행사 때나 자연재해 같은 것을 막기 위해서 하는 거야.

- 그런가? 매일매일 맑은 하늘을 보고 싶은데 그건 불가능한 거구나. 하지만 아주 먼 미래에는 개인을 위한 날씨 조절도 가능하지 않을까?

- 글쎄, 어쩌면 그럴 수도. 그래도 비가 가끔은 내리는 게 좋아. 맑은 날씨만 계속되면 비가 그리울 거야.

극초음속 비행기 기술자
Hypersonic Airliner Technician

◎ 활동 분야 : 연구소, 대학, 항공우주산업체
◎ 임금 수준 : 높음   ◎ 업무 환경 : 안전   ◎ 전망 : 좋음

　1947년 10월 14일, 미 공군 테스트 조종사인 척 예거는 로켓 항공기 X-1을 탑승하고 세계 최초로 음속을 돌파한 인류로 기록됐어요. 현재 차세대 *극초음속 엔진인 스크램제트 엔진이 개발되고 있어요. 이 엔진을 단 비행기는 인천에서 미국 로스엔젤레스까지 1시간 반이면 날아갈 수 있어요. 스크램제트 엔진은 압축된 공기에 연료를 분사해 발생하는 연소 작용을 통해 추진력을 얻는다는 점에서 일반 제트엔진과 같은 원리로 작동된다고 볼 수 있어요.

　스크램제트 엔진이 민간 항공기는 말할 것도 없고 전투기나 우주선에

---
* 극초음속 : 소리의 보통 속력보다 5배 이상 빠른 물체의 속도.

실용화되기까지는 아직 많은 해결 과제가 남아 있어요. 우선 초음속으로 흐르는 공기에 연료를 분사하고 혼합해 안정적으로 연소시키기 위한 기술이 개발되어야 하고, 또 약 3,000°C 정도의 고온을 몇 시간 동안 견딜 수 있는 재료가 개발되어야 한답니다. 그래도 앞으로 30~40년 후면 스크램제트 엔진을 단 비행기를 타고 전 세계를 여행할 수 있을 거예요.

극초음속 비행기 기술자가 되기 위해서는 물리학, 기계공학, 시스템공학, 항공우주공학을 공부해야 해요.

진지해와 정보통의 말.말.말.

- 전 세계가 더 가까워질 수는 없는 걸까? 아침에 미국에 가서 점심을 먹고 저녁에는 우리나라로 돌아올 정도로 세계가 가까워졌으면 좋겠어.

- 30~40년 후에는 전 세계가 더 가까워질 수 있을걸. 발전상이 눈에 보이는 것 중에 하나가 바로 교통의 발전이지. 빠른 기차, 빠른 비행기, 더 빠르게, 더 가깝게라는 말은 꿈이 아니야.

- 정말? 전 세계가 가까워지면 우리나라 안에서 이동하는 것도 더욱 빨라지겠네.

- 그렇지. 아마 빨리빨리에 익숙해진 사람들이 나중에는 느리게 여행하는 것을 그리워하게 될 것 같아. 천천히 이동하면서 느끼는 즐거움도 있는 거니까.

종 복원 전문가
Restore Species Expert

◎ 활동 분야 : 연구소, 정부기관　　◎ 임금 수준 : 평균
◎ 업무 환경 : 보통　　　　　　　　◎ 전망 : 좋음

　　미국의 과학 전문 잡지 '네이처' 지에서는 인류가 멸종 위기 동물의 보호와 환경오염을 줄이기 위해 노력하지 않으면 앞으로 수백 년 안에 지구에 살고 있는 생명체의 75퍼센트 정도가 멸종할 것이라고 경고했어요. 이러한 생태계 파괴는 사람에게도 커다란 피해를 줄 거예요.
　　지금도 우리 주변에서 사라진 곤충과 식물, 동물 등이 많아요. 예전에는 흔하게 볼 수 있었던 나비, 개똥벌레, 소금쟁이 같은 것들은 도시에서는 절대로 볼 수 없어요. 시골에 가면 볼 수 있다고는 하나 아주 귀해요.
　　종 복원 전문가는 인간의 무분별한 개발과 환경 파괴로 인해 멸종 위기에 놓인 야생 동식물의 서식지를 보호하고 관리하는 사람들이에요.
　　종 복원 전문가가 되기 위해서는 수의학, 축산학, 동물 자원학, 생물학,

유전공학 등을 전공해야 하며, 동물들의 특성에 대한 지식과 사육 및 관리 기술을 갖추어야 해요. 강인한 체력과 인내심, 동물에 대한 애정과 관심도 필요해요.

진지해와 정보통의 말.말.말.

- 멸종 위기에 놓인 야생 동식물은 무척 많아. 그런 것들을 보호하는 직업을 가지는 것도 멋진 것 같아.

- 이런 직업을 가지려면 환경에도 관심이 많아야 할 거야.

- 지금 우리 눈에 보인다고 그 식물이나 동물이 미래에도 함께한다고 생각하면 안 돼. 사라진 게 정말 많다고 하는데 종 복원 전문가들의 활약만 기대하지 말고 스스로 환경보호를 하는 것도 필요할 거야.

- 종 복원이 가능하다면 예전에 있던 공룡도 만날 수 있는 거야?

- 공룡은 인간에게 위협이 될 수 있는 동물이기 때문에 아마 종 복원을 시키지 않을 것 같아. 멸종되어 버린 독도의 강치가 복원되면 좋을 텐데.

환경병 컨설턴트
Environment Pollution Disease Consultant

◎ 활동 분야 : 연구소, 기업, 대학 ◎ 임금 수준 : 평균
◎ 업무 환경 : 안전 ◎ 전   망 : 좋음

현대사회에는 환경으로 인한 병이 많아요. 아토피 때문에 괴로워하는 친구를 본 적이 있을 거예요. 아토피 피부염은 가렵고 피부가 건조하고 습진을 동반한 질병이에요. 그런가 하면 봄과 가을만 되면 코감기를 달고 사는 친구들도 있지요? 이런 질환들을 환경병이라고 부르는데, 아토피나 알레르기성 비염, 새집 증후군, 천식과 같은 호흡기 질환 등이 가장 유명해요.

산업화된 사회에서 환경병을 일으키는 주범은 공장의 폐수, 폐기물, 농약으로 인한 토양 및 수질 오염과, 급증하는 자동차의 배기가스로 인한 대기오염, 식생활의 변천 과정에서 생기는 식품 공해, 도시의 소음 공해 등이에요.

환경병 컨설턴트는 환경병에 대한 체계적이고 정확한 원인 규명을 위해 힘쓰며, 오염원의 발생을 원천적으로 막을 방안을 마련하는 일을 해요. 정부나 기업에 환경병 혹은 환경오염으로 인한 질병임을 확인시키고 정책 방향을 따르도록 하며, 피해 보상을 촉구하기도 해요. 또한 '환경오염 건강 피해 구제법'과 같은 법률적 장치를 마련하기 위해 힘써요. 환경병의 조짐을 사전에 감지하고 조속한 대책을 세우기 위해 의료인들의 관심을 촉구하고 주민들을 교육해요.

환경병 컨설턴트가 되기 위해서는 환경공학, 화학공학, 환경학, 환경시스템공학, 환경과학, 환경정보학을 전공해야 해요. 환경문제에 대한 원인을 규명

하고 이를 창의적으로 해결할 수 있는 능력과 통계 및 계산을 신속, 정확하게 수행할 수 있는 능력이 필요해요. 지속적, 반복적인 실험을 하게 되므로 인내심도 있어야 해요. 환경문제 해결과 자연환경 보존에 힘써 사회에 이바지한다는 사명감도 있어야 하고요.

진지해와 정보통의 말·말·말.

 환경 때문에 병에 걸리는 사람도 있어. 새집 증후군도 환경이 바뀌어서 생기는 병이지.

 환경병은 왜 생기는 거지?

 사회가 발달하면서 오염 물질이 많이 생긴 것도 원인이지. 하지만 환경병의 원인은 정확하게 규명이 안 되기도 하니까 환경병 컨설턴트라는 직업이 쉬운 것은 아니야.

 내가 어제부터 잠만 쏟아지고 책을 봐도 머리에 들어오지 않는 것도 환경병이 원인일까?

 아니, 그건 시험 기간이기 때문일 거야.

탄소 배출 점검 기록 전문가
Traceability Manager

- ◎ 활동 분야 : 기업, 연구소, 대학
- ◎ 업무 환경 : 매우 안전
- ◎ 임금 수준 : 높음
- ◎ 전   망 : 매우 좋음

지구 대기를 오염시켜 온실효과를 일으키는 온실가스의 배출량을 제한하는 활동이 일어나고 있어요. 선진국이 개발도상국에 가서 온실가스 감축 사업을 하면 유엔에서 이를 심사·평가해서 일정량의 탄소 배출권을 부여해요. 탄소 배출권은 배출권 거래제에 의해서 시장에서 거래될 수 있어요. 개발도상국도 청정 개발권제 사업을 실시해 탄소 배출권을 얻을 수 있어요. 탄소 배출 점검 기록 전문가는 온실가스 배출량을 국제기관 표준단체에서 정한 표준 지침에 따라 스마트 에너지 및 탄소 관제 시스템을 통해 국가별 또는 산업별로 산출하는 일을 해요.

탄소 배출 점검 기록 전문가가 되기 위해서는 환경공학, 화학공학, 환경학, 환경시스템공학을 공부하고 환경문제에 관심이 많아야 해요.

탄소 배출권 거래 중개인
Carbon Trading Agent

- ◎ 활동 분야 : 연구소, 국제기구
- ◎ 업무 환경 : 매우 안전
- ◎ 임금 수준 : 높음
- ◎ 전망 : 매우 좋음

 탄소 배출권 거래는 온실가스 감축을 의무화한 국제 협약인 교토 의정서에 따라 형성되었어요. 기업들이 생산 활동을 하면서 자연스럽게 탄소를 발생시키는데 배출량 감소를 위해 탄소 배출 상한선을 정해 놓고 기준보다 적게 탄소를 배출한 국가나 기업은 기준보다 줄인 양만큼의 탄소 배출권을 팔 수 있도록 해 놓았어요. 이것을 거래할 수 있는 시장이 탄소 배출권 거래 시장이며, 탄소 배출권 거래 중개인은 주식 중개인처럼 배출권 시장에서 거래를 중개하는 역할을 해요.

 탄소 배출권 거래 중개인이 되기 위해서는 무엇을 해야 될까요? 국제적인 자격증은 없지만 탄소 배출권 중개인들은 환경, 대기, 에너지 관련 분야의 지식과 경제학, 경영학 지식을 함께 갖춘 사람들이 많아요.

미세 조류 전문가
Micro Algae Expert

- 활동 분야 : 연구소, 에너지기업, 대학
- 임금 수준 : 높음
- 업무 환경 : 안전
- 전망 : 매우 좋음

우리나라는 석유를 다른 나라에서 수입해서 사용하고 있어요. 국제적인 석유 가격은 석유 생산국의 기후 변화, 정치 환경의 변화에 따라 급속하게 변해요. 석유를 생산하는 나라는 적지만 석유는 전 세계적으로 어마어마한 양이 사용되기 때문이에요.

여러 나라에서 석유를 대신할 에너지를 개발하려고 힘을 쓰고 있어요. 이것이 바로 대체에너지예요. 최근 들어 대체에너지로 주목을 받고 있는 것이 바이오 연료 기술이에요. 바이오 연료는 주로 콩이나 유채 등 식용작물의 식물성 기름을 이용해 생산되고 있지요. 하지만 이 연료를 많이 쓰게 되면 곡류 값이 올라가게 되고 아프리카와 같은 빈곤 국가의 식량난을 가중시킬 위험이 있어요. 또 곡류를 더 많이 생산하기

위해 열대우림이 개발되면 지구온난화를 부추길 위험도 있어요. 이런 문제점을 해결하기 위해 바이오 연료의 원료로 쓰이는 곡물 대신 미세 조류를 활용하는 기술이 등장했어요. 바로 차세대 바이오 연료 기술이라고 불리지요. 미세 조류란 날아다니는 새가 아닌 물에 살면서 식물처럼 광합성을 하는 조류예요. 머지않아 바다에서 나는 식물에서 추출한 기름으로 자동차가 움직이는 세상이 올 거예요.

미세 조류 전문가가 되기 위해서는 생물학, 미생물학, 해양학, 기계공학, 유전공학을 공부하고 미생물 배양 기술에 대한 기본 지식을 익혀야 해요.

수소 연료전지 전문가
Hydrogen Fuel Cell Expert

- ◎ 활동 분야 : 연구소, 대학
- ◎ 업무 환경 : 안전
- ◎ 임금 수준 : 높음
- ◎ 전   망 : 매우 좋음

　배터리를 충전하지 않고도 휴대폰을 한 달 이상 사용할 수 있다면 참 편리하겠지요? 공해 없는 자동차가 거리를 쌩쌩 달린다면 얼마나 좋을까요? 이런 세상은 연료전지(Fuel Cell)를 사용할 때 가능해요. 수소 연료전지의 가장 좋은 점은 대기 오염이 거의 없다는 점이지요.

　수소 연료전지의 원리는 물을 전기 분해하면 수소와 산소를 얻는데, 그 역반응으로 수소와 산소로부터 전기와 물을 만드는 것이에요. 차세대 에너지로 인기를 끌고 있는 이 기술은 1800년대에 개발되었어요.

　수소 연료전지 전문가가 되기 위해서는 전자공학, 물리학, 화학, 환경공학, 소재공학, 전자재료공학, 금속공학 등을 공부해야 해요. 대체에너지 개발에 대한 관심과 노력도 필요하고요.

5 문화·예술 분야

호기순 기자 여기는 문화·예술관입니다. 미래에는 첨단 과학기술의 영향을 받은 디지털 문화가 보다 확산될 것으로 예상됩니다. 이는 그동안 우리가 텔레비전이나 극장에서나 접했던 것을 어떤 기기든, 어떤 공간이든, 어떤 콘텐츠든 언제 어디서나 얻을 수 있다는 것을 뜻하지요. 그렇다고 예술의 발전이 기술에만 의존하는 것은 아니에요. 홀로그래피 캐릭터나 공연장이 일시적인 유행으로 끝날 수도 있어요.

정보통 저는 문화·예술 분야에 관심이 많아요. 이 분야에 어떤 직업이 있을지 궁금해요. 영화와 관련된 직업으로는 특수 효과와 관련된 직업이 있을 것 같아요.

진지해 오, 똑똑한데. 특수 효과 전문가는 당연히 있을 거고 다양한 직업이 있다고 하네. 그런데 아까는 의료 분야에 관심이 있다고 하지 않았어?

정보통 의료 분야는 공부할 게 너무 많아서 다른 직업들을 살펴보려고.

특수 효과 전문가
Special Effects Expert / Computer Graphic Expert

- ◎ 활동 분야 : 영화사, 디자인기업
- ◎ 업무 환경 : 매우 안전
- ◎ 임금 수준 : 평균
- ◎ 전　　망 : 좋음

　보기만 해도 오싹한 괴물, 불이 활활 타고 있는 도시, 한순간에 무너지는 고층 빌딩 등 영화에서 자주 보았을 거예요. 20~30년 전만 해도 이런 장면들은 공상과학 영화에서나 볼 수 있었지만 지금은 영화나 드라마에서도 흔히 볼 수 있어요. 〈해리 포터〉 영화를 떠올려 봐요. 이런 세상이 진짜 있다고 믿는 친구들은 없지요? 영화 속에서 일어나는 재난, 마법 등의 세계는 컴퓨터 그래픽 프로그램을 이용한 특수효과이거나 미니어처나 블루스크린 장면을 합성한 거예요. 현재 미국 할리우드 영화 제작비의 평균 50퍼센트 정도가 특수 효과 부문에 사용될 정도로 특수 효과 부문은 디자인 분야에서 가장 인기를 끌고 있고 앞으로도 더욱 발전될 거예요. 우리나라도 마찬가지고요.

미래에 인기를 끌 특수 효과 전문가로는 모형 제작자, 애니메이터 등이 있으며 특수 효과 팀을 분야별로 잘 관리해야 하는 특수 효과 관리자도 등장할 거예요.

특수 효과 전문가가 되기 위해서는 컴퓨터그래픽, 디자인, 미술, 시각디자인, 영상디자인 등을 공부해야 하며 영상 언어와 영화, 방송 편집에 대한 지식과 이해력을 갖추어야 해요.

진지해와 정보통의 말·말·말·

- 저기 블루스크린 앞에 배우들이 보이지? 저들은 지금 아무것도 없는 곳에서 불에 타 있는 거리를 뛰어가는 것처럼 연기를 하고 있어.

- 정말 뛰어다니고 있는 모습이 불을 피하고 있는 것 같은데.

- 나중에 불에 타는 나무랑 불에 타는 차들을 지금 배우들이 찍은 장면과 합성을 할 거야. 영화를 보면 온갖 재난이 다 일어나잖아. 영화를 찍기 위해 재난을 일으킬 수는 없어. 그렇기 때문에 특수 효과가 필요한 거야.

- 저것을 보니 배우들이 대단한데. 합성해서 근사한 장면을 만드는 사람들도 대단하고.

미래네 가족 이야기

미래는 단역 배우 아르바이트를 하기 위해 영화 촬영장에 도착했어요. 사람들은 모두 블루스크린 앞에 서 있었어요. "거기, 학생. 이리 와요. 저 스크린 앞에서 멈추지 않는 기차에서 뛰어내리는 연기를 하라고." 가만히 보니 기차가 사람들 뒤로 보였어요. 기차의 문으로 한 사람씩 뛰어내리는 연기를 했어요. 다들 달리지도 않는 기차에서 뛰어내린 후 구르고 넘어지고 소리를 질렀어요. 나중에 이 장면이 자연 풍광과 같이 합성되어서 정말 기차에서 사람들이 뛰어내리는 것으로 보인다고 하네요. 과연 어떻게 완성될지 궁금하네요.

나노 섬유 의류 전문가
Nanotech Fabrics Fashion Expert

◎ 활동 분야 : 의류기업, 연구소, 의료기관, 방송사
◎ 임금 수준 : 높음   ◎ 업무 환경 : 매우 안전   ◎ 전망 : 매우 좋음

*나노 기술(Nano Technology, NT)은 사람의 머리카락 굵기의 수만 분의 1 크기에서 물질을 자유자재로 만드는 기술을 말해요. 머리카락의 수만 분의 1이니 눈에 보이지도 않고, 광학현미경으로도 볼 수가 없어요. 이런 나노 기술을 섬유 기술에 도입해서 만든 섬유가 바로 나노 섬유예요. 이렇게 태어난 나노 섬유는 옷감의 재료인 일반 섬유 소재와는 전혀 다른 기능을 가지게 되었지요. 일단 그 굵기부터 다른데 수십~수백 *나노미터인 초극세사로 만들어져요. 옷감의 공기구멍이 30~40나

---

* 나노 : 국제 단위계에서 10억분의 1을 나타내는 분수. 기호는 n.
* 나노미터 : 빛의 파장의 단위를 나타내는 말. 1나노미터는 1미터의 십억 분의 일이며, 기호는 nm이다.

노미터밖에 안 되기 때문에 먼지 등의 미세입자나 박테리아는 통과하지 못해요. 세균 침투를 막아 주기 때문에 쉽게 오염이 되지 않는 장점도 있고요. 옷으로 만들어진다면 입는 사람의 몸 온도에 따라 색상이 조금씩 달라지는 카멜레온 스타일의 연출도 가능하대요. 또 한 벌의 옷을 여러 환경에서 전혀 다른 용도로 쓸 수 있는 기능성 의상 디자인도 가능하다고 해요. 게다가 활용할 수 있는 분야가 많아 의복, 신발, 액세서리 등 어디에나 어울리며 디자인에 획기적인 변화를 가져올 수 있을 거라고 내다보고 있어요.

나노 섬유 의류 전문가가 되기 위해서는 섬유공학, 패션섬유학, 섬유시스템공학, 섬유패션공학, 재료공학, 신소재공학을 공부해야 하고, 창의력과 예술성이 요구되어요.

진지해와 정보통의 말·말·말

 나노 섬유로 만든 옷은 얇아도 무척 따뜻할 것 같아. 미래에는 에베레스트 산에 올라갈 때도 나노 섬유로 만든 옷 하나면 충분하지 않을까?

 오, 바닷가에 가는 것 같은 차림으로 에베레스트 산에 올라갈 수도 있겠는데.

 글쎄, 옷 가격이 얼마일지 궁금해지네. 평범한 사람들도 입을 수 있을까?

미래 예술가 Future Artist

- ◎ 활동 분야 : 기업, 프리랜서
- ◎ 업무 환경 : 안전(편차가 심함)
- ◎ 임금 수준 : 높음(편차가 심함)
- ◎ 전   망 : 매우 좋음

　미래에는 어떤 예술 분야가 등장할까요? 지금처럼 사람들이 예술 작품을 감상하기 위해 미술관에 가거나 공연장을 찾을까요? 예술은 예측하기 어려운 분야예요. 또한 예술은 계속 발전하고 기술과 사회의 변화에도 영향을 받아요. 음악, 미술, 무용 등 각 분야에서 협동 예술을 선보일 수도 있고, 음악, 동영상, 사진, 컴퓨터 프로그램 등이 합쳐져서 새롭게 섞인 문화가 나타날 수도 있어요. 지금 자라나는 아이들은 어른들보다 더 많은 예술 교육을 받았고 스마트폰이나 각종 매체 덕분에 시각적으로 많은 것을 경험했어요.

　미래 예술가들은 초연결 사회에서 커뮤니티 망을 이용해 집단 예술을 완성할 거예요. 대중이 직접 참여해서 완성해 가는 예술도 등장할 거고요. 3D와 4D 기술의 발달, 신소재의 등장도 예술 활동에 새로운 활력소가 될 거고요. 음악과 미술, 교육과 음악, 놀이와 창조, 기술과 예술 등이 결합된 예술 분야도 생길 거고요.

미래 예술가가 되기 위해서는 미적 감각과 풍부한 창의력, 표현력이 필요해요. 또 예술과 문화 전반에 대한 관심과 흥미가 있어야 해요. 오랜 연습 기간을 통해 지속적으로 자기 계발을 할 수 있는 성실함과 인내심도 갖추어야 하고요.

진지해와 정보통의 말.말.말.

- 예전에는 영화를 볼 때 3D 안경을 쓰고 보는 것을 상상하지 못했잖아. 그런데 앞으로는 미술 작품이나 무용 공연 같은 것을 볼 때도 3D 안경을 쓰는 시대가 올 것 같아.

- 어쩌면 앞으로는 3D 안경 없이도 3D로 보이는 세상이 올 수도 있을 것 같아.

- 미래에는 예술을 좀 더 가깝게 느낄 수 있겠지?

- 그럴 것 같아. 예술가뿐만 아니라 미래의 사람들은 스스로 예술을 하는 사람이 될 것 같아. 어쩌면 로봇이나 첨단 기계들이 할 일을 해 주는 바람에 시간이 남아서 악기나 그림 등을 배우고, 그것을 조합해서 나만의 집단 예술을 창조할 수도 있지 않을까.

디지털 고고학자
Digital Archaeologist

◎ 활동 분야 : 연구소, 학교　　◎ 임금 수준 : 평균
◎ 업무 환경 : 안전　　　　　　◎ 전　　망 : 보통

　선사시대 유적지에 가 보면 우리 조상들이 남긴 고인돌이나 토기 등의 유물과 유적을 볼 수 있어요. 그런데 처음부터 여기는 '선사시대 유적이 모여 있는 곳입니다.' 하고 누가 표시해 놓지는 않았어요. 누가 알려 주지 않으면 아주 귀한 신석기 시대의 토기인데 밭에서 굴러다니고, 그것을 주워 강아지 밥그릇으로 쓰기도 하고, 고인돌을 그냥 바위인 줄 알고 내버려 두기도 해요. 이런 유물을 찾기 위해 방방곡곡으로 다니는 사람들이 있어요. 바로 고고학자들이지요. 유적과 유물을 조사해 옛 조상들의 생활 모습과 문화를 연구하는 학문을 고고학이라고 해요. 여기에 디지털이라는 말이 붙으면 어떻게 될지 궁금하지요?
　디지털 고고학은 인류의 달나라 여행을 실현시킨 우주과학을 고고학

연구에 활용하는 거예요. 그래서 미국항공우주국(NASA) 위성의 원격 레이더 감지 장치 등을 이용해 발굴 작업을 거치지 않고서도 고고학을 연구할 수 있대요. 유적이 산림에 덮여 있거나 사막에 묻혀 있어 조사가 불가능할 때, 또 우리나라의 비무장지대처럼 접근이 아예 불가능한 곳을 조사할 때 위성이나 비행기에서 원격 레이더 감지로 조사하는 것이지요. 그 밖에도 땅 깊은 곳에 묻혀 있는 유물은 지력 계측기라는 첨단 장비가 이용될 거예요.

이런 발굴 작업만이 아니라 나라끼리 서로 협력하여 고대 환경 요소를 조사해 현대의 환경 대책을 세우기도 하고 고대 언어, 문화와 관련된 암호를 풀거나 유물과 유적의 디지털 복원 작업도 담당해요.

디지털 고고학자가 되기 위해서는 고고학, 인류학, 언어학, 환경공학, 토목공학 등을 공부해야 해요.

진지해와 정보통의 말.말.말.

 고고학자라는 직업은 첨단 장비랑 안 어울리는 것 같은데 디지털 고고학자라니 낯설어. 난 고고학은 돋보기 하나만 있으면 될 줄 알았어.

 돋보기 하나로는 나뭇잎 하나를 조금 확대해서 볼 수 있을 뿐이야. 예전 유물과 유적이 다 사라진 곳을 조사하다 보면 그곳을 다시 복원해야 할 필요가 있잖아. 아마 그런 곳을 디지털로 복원해서 조사하는 걸 거야. 산림이나 사막에 묻혀 있는 곳에 접근하기 위해서도 첨단 장비가 필요하지.

캐릭터 MD
Character Merchandising Director

- ◎ 활동 분야 : 기업
- ◎ 업무 환경 : 매우 안전
- ◎ 임금 수준 : 평균
- ◎ 전　　망 : 좋음

경찰차 폴리, 힘센 소방차 로이, 영리한 구급차 엠버, 재빠른 헬리콥터 헬리가 등장하는 만화영화는? 한국교육방송의 〈로보카 폴리〉예요. 만화영화가 전파를 탄 지 보름 만에 캐릭터 상품이 나왔는데, 없어서 못 팔 정도로 인기를 끌었어요.

여러분도 뽀로로 좋아했지요? 뽀로로는 우리나라 어린이들에게 대통령으로 통하잖아요. 뽀로로 케이크도 있고, 뽀로로 완구도 있고, 뽀로로 학용품도 무척 많아요. 뽀로로 책가방, 뽀로로 옷도 있지요. 그게 다 뽀로로의 인기 덕분이에요.

일반 제품에다 뽀로로만 새겨도 엄청나게 인기를 끌기 때문에 기업들은 너도나도 뽀로로와 손을 잡고 싶어 해요. 이게 바로 캐릭터의 힘이에요. 그런데 이런 현상이 하루아침에 그치는 것이 아니라 미래 사회에는 더욱 중요해질 거예요. 자신을 상징적으로 표현해 주는 캐릭터를 다들 갖고 싶어 하니까요. 마치 게임의 아바타처럼 말이에요. 기업들도 사람들이 친근함을 느낄 수 있는 캐릭터 개발에 노력하고 있어요.

캐릭터 MD는 사람들이 어떤 캐릭터를 좋아하는지 조사해서 직접 만들거나, 외국에서 들여오기도 하는 사람이에요. 그뿐만이 아니에요. 캐릭터를 상품으로 만들어 팔고, 방송 프로그램으로 제작해 내놓고, 다른 산업과 손을 잡고 시장을 넓혀 나가는 일도 하지요.

캐릭터 MD가 되기 위해서는 시각디자인, 산업디자인, 공업디자인, 마케팅 등을 공부해야 하고, 미술적인 감각을 키우는 게 중요해요. 게다가 무궁무진한 상상력이 요구되므로 어릴 때부터 책을 많이 읽고, 여행도 많이 하고, 체험 학습도 자주 다니는 게 좋아요.

내로캐스터

Narrowcaster

◎ 활동 분야 : 기업, 방송사, 광고회사
◎ 업무 환경 : 매우 안전
◎ 임금 수준 : 높음
◎ 전   망 : 좋음

　만화영화를 좋아하는 시청자를 위해서 하루 종일 만화영화만 내보내는 방송, 다큐멘터리를 좋아하는 시청자들을 위해 다큐멘터리만 보여 주는 방송, 바둑을 좋아하는 사람들을 위한 바둑 방송 등이 있죠? 반대로 만화영화도 했다가 뉴스도 했다가 드라마도 했다가 하는 방송도 있고요. MBC, KBS, SBS 같은 방송을 브로드캐스팅이라 하고 만화영화나, 스포츠, 낚시 등 한 분야의 프로그램만 보여 주는 케이블 방송을 이에 대응하는 말로 내로캐스팅이라고 해요. 차이점이 뭔지 알겠지요? 브로드캐스팅 방송은 누구나, 어떤 지역에서나 다 볼 수 있다고 가정하고 방송을 내보내는 반면 내로캐스팅은 한정된 지역의 한정된 시청자들을 대상으로 방송을 하는 거예요.

사람들의 관심이나 요구가 더욱 다양해지고 전문화되고 있어요. 그래서 등장한 방송이 내로캐스팅이에요. 의학, 영화, 스포츠, 종교, 뉴스 등 보다 전문화된 방송 서비스를 하지 않으면 시청자들의 관심을 끌기 힘들거든요.

이런 내로캐스팅에서 프로그램을 만드는 사람들이 내로캐스터예요. 시청자들이 무엇을 원하는지 조사하고, 필요한 방송을 만들도록 기획하고 제작해 나가는 사람들인 거지요.

내로캐스터가 되기 위해서는 신문방송학, 영상예술학, 사회학 등을 공부해야 해요. 또 사람들의 요구를 잘 파악할 수 있는 능력도 있어야 하고, 프로그램 개발을 위해 창의력과 독창성이 필요하기도 해요.

6
생활·여가 분야

호기순 기자 자. 이제 마지막 관인 생활과 여가 분야와 관련된 직업을 찾아볼 시간입니다. 우리 생활과 밀접한 관계가 있는 미래 직업에는 어떤 것이 있을까요? 결혼, 건강관리, 여가 시간 보내기 등과 관련된 다양한 직업을 만날 수 있습니다. 미래를 준비하는 사람들을 위한 미래 직업을 하나하나 알아보겠습니다. 아바타 관계 관리자, 미래 가이드, 결혼 및 동거 관리 전문가, 세계 윤리 관리자 등 미래에 만날 수 있는 다양한 직업들을 소개합니다. 이름을 들으면 낯설지만 이미 우리 사회에서도 볼 수 있는 직업이라고 할 수 있습니다.

정보통 미래 직업이라고 해서 너무 첨단 직업일까 걱정했는데 이미 우리가 알고 있는 직업도 있는 것 같아. 결혼 정보 회사는 지금도 있고 그곳에도 결혼 전문가라고 하는 사람들이 있는 거잖아.

진지해 그렇지. 미래 직업들이 갑자기 툭 튀어 나와서 생기는 게 아니야. 지금 있는 직업들이 좀 더 발전하기도 하고, 진화하기도 하는 거지.

정보통 생활과 여가 분야는 내가 도전하고 싶은 직업이 많아서 흥미롭군.

진지해 여기 있는 직업들도 공부해야 될 게 많다고. 자 한번 둘러보자고.

미래 가이드
Future Guide

◎ 활동 분야 : 정부 산하단체, 기업, 대학   ◎ 임금 수준 : 높음
◎ 업무 환경 : 매우 안전   ◎ 전   망 : 매우 좋음

　세상은 너무나 빠른 속도로 변화하고 있어요. 하루가 다르게 새로운 문화가 만들어지고 있지요. 그런데 사실 대부분의 사람들은 그 속도를 잘 따라가지 못해요. 새로운 문화를 빨리 받아들이는 사람이 있는가 하면, 아주 천천히 바뀌는 사람들도 많거든요. 친구를 빨리 사귀는 친구도 있고 그렇지 못한 친구들이 있듯이 말이에요.

　휴대전화만 해도 기능이 얼마나 복잡한지 시간을 일부러 내서 기능을 익혀야 하잖아요. 여러분의 부모님도 여러분에게 휴대전화나 엠피쓰리의 기능을 자주 물어볼 거예요.

　가정에서의 생활뿐만이 아니라 사회적인 활동에서도 세대 간에 문화 차이가 일어나고, 새로운 환경 변화에 적응해야 하는 문제가 일어나고

있지요.

미래 가이드는 사람들이 살아가는 데 필수적인 기술들을 소개하고 체험하게 해 주는 역할을 하는 직업이에요. 미래의 기술 진보를 예측해서 사람들이 살아가는 사회가 어떻게 변화할 것인지 예상해 보고 미래를 편안하게 살 수 있도록 안내하는 전문가들이지요.

미래 가이드가 되기 위해서는 미래학, 경제학, 사회학, 이공계 분야의 공부를 많이 해야 해요. 사회의 여러 문제에 관심을 갖고 꼼꼼히 살펴보는 자세도 필요해요.

진지해와 정보통의 말.말.말.

 미래 전문가가 하는 일이 뭐지?

 말 그대로 미래에 어떤 일이 일어날지에 대해 다각도로 이야기하는 거지. 미래를 예측하는 게 불가능하다고 하지만 사실은 여러 가지 환경 요인 등을 조사하면 미래를 예측할 수도 있어.

 내 미래 모습도 궁금하고 미래 사회 모습도 궁금해.

 난 미래가 너무 많이 변하지 않았으면 해. 발전은 하되 소중한 것들은 남겨지고 지켜졌으면 해.

미래네 가족 이야기

"자, 나를 따라오세요." 미래 가이드가 사람들을 인솔해 갔어요. 미래는 할머니와 함께 미래 박람회를 찾아갔어요. 가이드는 말했어요. "미래의 기술, 미래 사회를 미리 경험하게 해 드립니다. 미래의 밥솥은 '밥 지어라.' 한 마디에 스스로 쌀을 씻고 물을 맞추어 밥을 지을 수도 있어요. 그런 밥솥과 세상을 살아가려면 미래에 대한 준비가 필요할 거예요. 미래의 상품, 미래의 기술을 미리 소개하고 그것에 익숙해질 수 있도록 준비해야겠지요. 척척, 알아서 일을 잘하는 밥솥과 마주하고 이야기해 보세요. 밥솥의 기능과 밥솥이 지은 밥의 맛도 보고요. 자, 어서 밥솥 앞에 앉아서 제가 하는 것처럼 대화를 해 보세요."

결혼 및 동거 강화 전문가
Marriage Enforcing Expert

◎ 활동 분야 : 기관, 자영업
◎ 업무 환경 : 안전
◎ 임금 수준 : 평균
◎ 전　　망 : 좋음

　미래 사회에는 법적으로 결혼한 사람이 그렇게 많지 않을 거예요. 이미 이런 변화가 유럽을 중심으로 시작됐어요. 인구는 줄었는데도 여전히 직장을 구하는 것이 너무 힘들고, 아이를 키우는 데도 너무 많은 돈이 들고, 집 걱정도 많아졌거든요. 게다가 결혼에 대한 가치관도 많이 바뀌었어요.

　미래에는 사이버 기술의 발달로 집에서 혼자 일하는 사람들이 늘어날 거예요. 회사에 나가 다른 사람과 직접 만나기보다 화상 전화나 채팅 등 사이버 세계에서 소통하는 일이 더 많아질 거예요. 하지만 혼자 있는 시간이 많아지는 것은 정신 건강에는 그다지 좋지 않아요. 여러분도 친구들과 만나서 놀 때가 가장 즐겁잖아요. 혼자 있는 시간이 너무

길면 우울증이나 여러 정신 질환에 걸릴 위험이 크다고 해요.

결혼 및 동거 강화 전문가는 결혼을 원하는 사람들을 서로 소개시켜 주기도 하고, 갈등이 생겼을 때 고민을 상담해 주기도 하는 직업이에요.

결혼 및 동거 강화 전문가가 되기 위해서는 어떤 공부를 해야 될까요? 특별히 요구되는 전공은 없어요. 사회적인 문제에 꾸준하게 관심을 가지고 사람과 사람 사이의 관계에 대해 공부하는 것이 좋겠어요.

진지해와 정보통의 말.말.말.

- 지금도 결혼 정보 회사에서 사람과 사람을 만나게 해 주잖아. 외모, 직업 등으로 등급을 나눠서 만나게 해 준다고 하더라고.

- 사실 사람이 고기도 아닌데 등급을 나누는 게 마음에 안 들어.

- 나도 그래. 미래에는 결혼하지 않고 동거를 선택하거나 독신으로 사는 사람도 많을 거야. 결혼이라는 형식이 더 이상 중요하지 않은 거지.

- 결혼을 하는 것도 중요하지만 그 생활을 유지하는 것도 중요해.

- 그러기 위해서는 부부의 고민을 들어 주는 사람도 필요할 거야.

- 지금도 결혼 정보 회사가 많다고 하는데 앞으로는 더욱 많아지겠네.

건강관리 전문가
Personal Care Coordinator

- ◎ 활동 분야 : 사회복지기관, 의료기관
- ◎ 업무 환경 : 안전
- ◎ 임금 수준 : 평균
- ◎ 전　　망 : 좋음

　현대의 의학 기술은 나날이 발전하고 있고, 불치병과 난치병 치료에도 도전하고 있어요. 새로운 의학 기술도 하루가 다르게 발표되고 있지요. 그래서 똑같은 병을 앓고 있지만 어떤 환자는 새로운 의학 기술 덕택에 병을 치료하기도 하고 어떤 환자는 정보가 부족해 목숨을 잃기도 해요. 개개인이 새로운 치료 방법에 대한 정보를 알아보고, 치료 기관을 찾기에는 현대의 의료 기술이 너무 복잡하거든요. 이러한 문제를 해결하기 위해 미래 사회에는 건강관리 전문가라는 직업이 생겨 새로운 의학 정보를 사람들에게 알려 주고 환자 개개인에게 맞는 적절한 치료 프로그램을 만들어 줄 거예요.

　건강관리 전문가는 마을 혹은 개인 단위로 사람들의 의료 상담을 전문적으로 맡고, 알맞은 치료 기관을 소개해 주는 역할을 담당해요. 건강 검진이 필요하다면 미리 알려 주어 예방하게 하고, 건강에 이상 신호가 발견되면 적절한 치료 방법과 시기에 대해 알려

주어 치료 효과를 볼 수 있도록 이끌어 줄 거예요.

건강관리 전문가가 되기 위해서는 간호학, 사회복지학, 심리학 등을 공부해야 해요. 또 생명을 다루는 일이기 때문에 책임감과 사명감, 봉사 정신이 있어야겠지요.

진지해와 정보통의 말.말.말.

- 아, 배가 살살 아픈데 병원에 가야 하나?

- 아픈 건 아픈 거고, 병원은 가기 싫구나.

- 나 대신 누군가가 병원에 가 주면 좋을 것 같아.

- 병원에 대신 가 주는 것은 아니지만 미래에는 내 건강에 대한 정보를 다 가지고 있는 건강관리 전문가가 있어서 원하는 병원을 찾아 주고, 병에 대한 정보도 준다고 하네.

- 그러면 병이 좀 빨리 나으려나?

- 세상이 발달할수록 사람들은 외로워지잖아. 누군가가 이야기를 들어 주고 내가 아픈 것을 알아주는 것만으로도 병이 낫는 데 도움이 될 것 같아.

배양육 전문가
Cultured Meat Expert

◎ 활동 분야 : 식품기업, 연구소　　◎ 임금 수준 : 높음
◎ 업무 환경 : 안전　　　　　　　◎ 전　　망 : 매우 좋음

　유엔은 지구온난화의 원인인 온실가스의 18퍼센트가 축산 농가와 축산물 가공 생산에서 나온다고 발표했어요. 현재 지구 땅 면적의 30퍼센트가 축산 농가가 키우는 동물 단백질을 생산하는 데 사용되고 있다고 해요. 하지만 2050년에 90억이 되는 인구를 먹일 고기 생산은 거의 불가능하다고 예측하고 있어요. 이러한 문제를 해결하기 위해 등장한 기술이 바로 배양육이에요.
　배양육이란 실험실에서 키운 동물의 살코기를 말해요. 이 기술은 동물의 몸에서 채취한 세포를 실험실에서 곧바로 고기가 되도록 키우는 것인데 단 하나의 세포만으로도 엄청난 양의 고기를 생산할 수 있어 지구촌의 식량난 해소에 도움이 될 것으로 내다보고 있어요.

게다가 동물을 키워 도살하지 않고 고기를 직접 배양하게 되면 비좁은 환경에서 수백만 마리의 동물을 키워야 할 필요도 없을 뿐 아니라 환경 파괴도 줄일 수 있어요. 특히 유전자 변형 없이 배양육을 생산할 수 있기 때문에 과학자들은 가장 안전한 식량 계획이 될 수 있다고 주장해요. 배양육을 대량 생산하게 되면 축산 농가가 사용하는 사료나, 물, 공기 오염 등이 사라지며, 특히 구제역이나 축산 농가가 우려하는 질병에서 해방되겠지요.

배양육 전문가가 되기 위해서는 식품공학, 식품가공학, 생물학, 유전공학 등을 공부해야 하며 연구실에서 보내는 시간이 많은 만큼 꾸준한 관찰력과 인내심이 요구되는 직업이에요.

진지해와 정보통의 말·말·말.

- 고기를 대량 생산하는 건 좋은데 그 고기가 진짜 고기처럼 맛이 있을까?

- 아마도 맛은 진짜 고기랑 같을 거야. 하지만 엄청난 실험의 결과로 만들어진 고기라 좀 비싸지 않을까?

- 소 한 마리 값이 집 한 채 값은 아니겠지?

- 설마, 그 정도는 아니겠지. 오히려 진짜 소고기나 돼지고기가 비싸지 않을까? 배양육이 흔해지면 진짜 고기의 값이 오를 것 같아.

식료품 구매 대행
Personal Grocery Shopper

- ◎ 활동 분야 : 식품기업, 프리랜서
- ◎ 업무 환경 : 보통
- ◎ 임금 수준 : 평균
- ◎ 전   망 : 좋음

　미래 사회에는 시장을 대신 봐 주는 직업도 등장할 거라고 해요. 식료품을 사거나 요리하는 일을 번거로워하는 전문직 종사자나 노인, 장애인들을 위해 식료품을 대신 사는 거지요.

　식료품 구매 대행은 대량 구매를 하기 때문에 혼자서 사는 것보다 싸게 물건을 살 수 있으며 집으로 배달까지 해 주어요. 가격이 싼 것도 중요하지만 안전하고 신뢰할 만한 재료를 공급하는 것이 중요해요. 이 일을 하려면 좋은 식료품 구매처를 확보해야 할 거예요.

　식료품 구매 대행은 개인의 특징에 맞는 메뉴와 다이어트 계획까지 세워 주는 일도 해요. 개개인의 건강과 체중 조절에도 신경을 쓰는 것이지요. 고객의 평소 식습관과 영양상의 문제점을 조사, 평가하고 권장 사항을 제공해요.

식료품 구매 대행을 하기 위해서는 식품학, 영양학, 식품공학, 유통학을 전공해 음식과 건강에 대한 전문 지식을 가지고 있어야 해요. 또 음식 조리법

과 새로운 메뉴를 개발할 수 있는 창의력과 분석력도 있어야 되고요. 그리고 원만한 대인 관계와 도덕성, 강한 체력도 필요할 것 같네요.

> 진지해와 정보통의 말·말·말.

 식료품 구매 대행이 그냥 시장만 봐 주는 게 아니네.

 내 건강과 식습관을 파악해서 먹을 것을 사 주는 사람이 있다니, 요리사와 의사, 영양사의 역할을 다하는 셈이잖아?

 그러네. 식료품 구매 대행 전문가는 음식을 제공하기도 하지만 음식을 먹지 못하게 할 수도 있구나. 군것질을 좋아하는 사람들에게는 먹고 싶은 음식을 못 먹게 말리는 역할을 하는 사람도 필요해.

 맞아. 식료품 구매 대행 전문가는 새로운 메뉴를 개발하기도 해. 몸에 좋으면서도 만들기 쉬운 음식을 추천해 줄 것 같아.

 하지만 식료품 구매 대행 전문가에게 세상의 맛있는 초콜릿을 다 사 달라고 부탁할 수는 없을 것 같아. 최고로 맛있는 초콜릿이 어디에 있는지 분명히 아실 분인데 사 주시지는 않을 것 같네.

단순화 컨설턴트
Simplicity Consultant

◎ 활동 분야 : 기업, 연구소　　◎ 임금 수준 : 높음
◎ 업무 환경 : 매우 안전　　　◎ 전　　망 : 좋음

　미래 사회는 세상이 커지고 복잡해질 거예요. 하지만 변화의 불확실성과 불안정성에 대한 반작용으로 단순함을 선호하는 경향이 생길 거예요.
　복잡한 기술을 단순하게 만드는 통찰력과 재치를 가진 사람은 드물어요. 단순화 컨설턴트는 바로 그 일을 하는 사람이지요.
　단순화 컨설턴트는 복잡한 소프트웨어나 기업 네트워크의 핵심을 찾아 조직의 군더더기를 없애고 규모를 축소해 목표와 기술, 브랜드를 명확하게 하는 전문적인 컨설팅을 제공해요. 회사의 시스템, 절차를 단순하게 하는 단순화 운영 기획을 담당하는 것이지요.
　단순화 컨설턴트가 되기 위해서는 경영학, 경제학, 산업공학 등을 전공

해야 하고, 조직과 경영상의 문제점을 객관적으로 진단할 수 있는 분석력과 판단력, 업무를 수행할 수 있는 사교성, 의사소통 능력, 외국어 실력도 갖춰야 해요.

> **진지해와 정보통의 말·말·말.**

- 단순하게 사는 게 좋은데 세상이 점점 복잡해지는 것 같아.

- 맞아, 세상이 복잡하다 보니 단순화 컨설턴트라는 직업도 생긴 거고.

- 기업도 군살을 빼고 단순하게 운영할 필요가 있어. 이럴 때 조언도 받고 구체적인 계획을 세우기 위해 단순화 컨설턴트가 필요해. 회사의 시스템과 절차를 단순하게 하는 것을 돕는 직업인 셈이지.

- 전문적인 조언을 해 준다는 것이지?

- 맞아. 복잡한 것을 단순하게 해 주는 사람. 제품이나 조직 등을 단순하게 운영하고 바라볼 수 있게 해 주는 거야.

- 내 인생도 누가 단순하게 해 주었으면 좋겠다. 해야 할 것을 반으로 줄여 주면 더욱 좋고.

우주여행 가이드
Space Tour Guide

- ◎ 활동 분야 : 기업, 연구소
- ◎ 업무 환경 : 매우 위험
- ◎ 임금 수준 : 매우 높음
- ◎ 전　　망 : 좋음

　일반인 우주여행이 시작된 것은 러시아의 항공 우주국이 돈을 좀 벌어 보기 위해서 시작한 거예요. 항공 우주국이 그때 돈이 부족해서 고생하고 있었거든요. 연구 목적이나 물자 운반을 위해서 우주 정거장으로 가는 러시아의 소유스 호에 미국인 사업가 데니스 티토가 첫 손님으로 탔어요. 그는 2,000만 달러를 내고 국제 우주 정거장에 6일간 머물렀다가 귀국했어요. 일반인 우주여행의 가격은 무척 비싸지만 점점 요금이 내려갈 거예요.

　사람들에게 우주여행을 경험하게 해 주기 위해서 우주여행 가이드가 존재해요. 우주여행 가이드는 상업용 우주선을 조종할 수 있어야 하며, 우주 탐사 업무도 수행해야 해요. 우주 관광을 원하는 사람들을 직접 상담하고 신체적으로 우주 관광을 할 수 있는지 검토도 해야 되고요. 그리고 탐사 준비 훈련, 심리 훈련, 중력 가속도 훈련, 무중력 훈련, 후유증 대비 훈련도 해야 돼요.

우주여행 가이드가 되기 위해서는 이공계 학과 공부를 하는 게 유리해요. 보통은 이공계 출신이 우주인이 되는 일이 많거든요. 기본적인 신체 조건을 갖추어야 하고 힘든 훈련 과정도 견뎌 내야 해요. 그러기 위해서는 강인한 인내력과 체력, 의사소통 능력, 친화력 등이 필요해요.

진지해와 정보통의 말.말.말.

- 일반인도 우주여행을 하는 시대가 정말 올까?

- 우주여행을 하는 사람이 많아야 가이드가 필요할 텐데. 우주 관광은 돈이 많다고 할 수 있는 여행은 아니야. 우주 관광을 할 수 있는 체력이 필요하지.

- 우주여행을 가이드하기 위해서는 우주선을 조종할 수 있어야 하네. 또 우주 관광 체험 대상자를 훈련도 시켜야 하고.

- 맞아. 우주여행 가이드는 체력도 튼튼하고, 맑은 정신을 가지고 있어야 하고 통솔력 등 생각보다 많은 것을 갖추어야 하는 직업이야.

익스트림 스포츠 가이드
Extreme Sports Guide

- ◎ 활동 분야 : 레저스포츠기업
- ◎ 업무 환경 : 매우 위험
- ◎ 임금 수준 : 높음
- ◎ 전   망 : 좋음

　익스트림 스포츠는 위험을 담보로 스릴을 느낄 수 있는 인공 암벽 등반, 스카이 서핑, 스노크로스, 프리스키, 빙벽 등반 등의 스포츠를 말해요. 익스트림 스포츠는 경제적인 풍요로움 속에서 무료함을 달래고 싶고, 자신과 자연, 고난과 기술 등 여러 한계를 극복하려는 도전 정신과 스릴을 즐기고 싶은 욕구 때문에 점점 사람들에게 인기를 얻고 있어요. 젊은 층을 중심으로 생명의 위험을 무릅쓰고 창의적이고 도전적인 레저 스포츠를 선호하는 경향이 강해지고 있어요.

　익스트림 스포츠 가이드는 각종 익스트림 스포츠의 전문가로, 이를 배우고자 하는 일반인들이 안전하게 즐길 수 있도록 교육하고 안내하는 역할을 해요. 위험한 스포츠이니 배워야 할 것도 많을 거예요. 익스트림 스포츠 가이드는 스포츠 교습 및 기술 훈련을 돕고 적절한 장비를 소개해 구매를 할 수 있게 돕는 역할도 해요. 스포츠 장비를 유지 보수하고 점검하는 일도 해야 하고 새로운 스포츠 정보를 수집하여 활용하기도 하고요.

익스트림 스포츠 가이드가 되기 위해서는 체육학, 사회체육학 전공이 유리하지만 학력에 제한이 있지는 않아요. 이 직업을 가지기 위해서는 자신이 익스트림 스포츠를 즐겨야 하고 강인한 체력과 민첩성, 인내력, 의사소통 능력을 가지고 있어야 해요.

세계 윤리 관리자
Universal Ethics Proclaimer

◎ 활동 분야 : 대학, 연구소, 국제기구   ◎ 임금 수준 : 평균
◎ 업무 환경 : 매우 안전   ◎ 전　　망 : 좋음

　지구촌 시대가 활짝 열리고 있어요. 한국의 어린이와 유럽의 어린이가 인터넷망을 통한 SNS로 이야기를 나누고, 아프리카 친구들을 돕기로 했어요. 아프리카 친구들은 세계 여러 나라 친구들을 초대해 탄자니아 세렝게티 국립공원에서 즐거운 시간을 보냈어요. 나라와 나라를 넘어 이런 국제적인 우정을 쌓을 수 있다면 하루하루가 즐거울 거예요. 그런 날이 머지않았고요.

　그런데 이렇게 즐거운 일만 생기는 게 아니라 문화, 언어, 피부 색깔, 생활 풍습, 신앙이 다른 것에서 오는 갈등도 생길 수 있어요. 지구촌 곳곳에서는 인종 문제, 신앙 문제로 인해 지역 간에 갈등을 빚고 있거나 나라와 나라끼리 전쟁도 일어나요.

그래서 이런 미래 사회에서 일어날 여러 충돌을 미리 조정하고, 온 세계 지구인들이 건강한 미래 사회를 만들어 갈 수 있도록 올바른 조언자 역할을 해 주는 사람들이 바로 세계 윤리 관리자들이에요. 세계 윤리 관리자는 종교와 지역, 민족, 생활 방식을 넘어 인류가 함께 살아갈 수 있는 공통의 자연 윤리를 연구하고, 변화하는 사회 환경에 맞춰 세계 윤리를 적절하게 수정하는 역할을 해요. 또한 세계 윤리를 확산시키고 전파해 세계 공통의 기본 윤리를 정착시키는 역할을 담당해요.

세계 윤리 관리자가 되기 위해서는 윤리학, 철학, 신학을 공부하고, 어학 능력도 반드시 갖추어야 해요. 또 국제기구나 국제적 협력을 통해 세계 윤리를 준비할 것이기 때문에 인류 공통의 가치를 존중하고 인류 평화에 기여한다는 사명감이 있어야 해요.

아바타 관계 관리자
Avatar Relationship Manager

◎ 활동 분야 : 기업, 대학, 자영업   ◎ 임금 수준 : 높음
◎ 업무 환경 : 매우 안전   ◎ 전　　망 : 매우 좋음

　스마트폰의 카카오톡을 한번 떠올려 봐요. 이름 옆에 자신을 표현하는 그림이나 사진을 넣을 수 있게 되어 있어요. 그런데 대부분의 사람들은 이곳에 실제 사진을 넣기보다는 귀여운 동물이나 물건, 풍경 등을 넣어 자신을 표현해요. 자기를 개성 있게, 혹은 재미있게 표현하고 싶어 하는 것이지요. 미래 사회에는 어쩌면 실제 얼굴을 마주 대하는 것보다 사이버 세계로 연결된 모바일 기기와 텔레비전, PC를 통해 사람들을 만나는 일이 더 자주 생길지도 몰라요. 이런 사회를 초연결 사회라고 불러요. 현재도 트위터나 페이스북 등의 SNS를 통해 전 세계가 하나가 되고 있어요. 아주 개인적인 일도 다른 사람들에게 공개가 되고, 관심이 있는 정치인이나 연예인 등의 움직임도 다 볼 수 있는 세상이 되었거든요. 연

결 중심적으로 변화하는 새로운 시대가 시작된 거예요.

이러한 사이버 세계에서 자신을 나타낼 도구가 '아바타'예요. 사이버 세계에서 살아갈 자신의 분신인 셈이지요. 아바타 관계 관리자는 우리가 처음 컴퓨터를 사용할 때 네티켓을 배우듯이 사람들에게 아바타를 건강하게 활용할 수 있는 방법, 가상 세계에서의 예절 등을 알려 주는 역할을 할 거예요. 사이버 세계에 너무 깊게 빠져서 현실 세계와 혼동을 일으키지 않도록 상담도 해 줄 거예요. 또 다양한 아바타 문화를 위해 프로그램도 개발하게 될 거고요.

아바타 관계 관리자가 되기 위해서는 심리학, 정신병리학, 사회학을 공부해야 하며 사람들의 심리를 연구하는 직업인만큼 책임감과 사명감도 높아야 겠지요.

나가며

미래 직업 박람회장의 문을 닫아요

호기순 기자
고래 방송국의 호기순 기자입니다. 여기는 미래 직업 박람회장입니다. 미래 직업 박람회가 성황리에 막을 내렸습니다. 6개 분야 54개의 직업을 소개하는 박람회였는데요. 오늘 같이 박람회장을 둘러본 두 어린이의 소감을 들어 보겠습니다.

정보통
예, 저는 이곳에 와서 새로운 직업을 많이 알게 되었습니다. 하고 싶은 것이 없다고 생각했는데 박람회장을 둘러보니 하고 싶은 것이 많아져서 걱정입니다.

호기순 기자
오, 박람회장에 온 성과가 있었군요. 어떤 것이 하고 싶어졌나요?

정보통
과학과 의료 분야에 대해서 관심이 생겼는데요. 공부를 잘해야 될 것 같아서 걱정입니다. 복제 전문가나 생체 로봇 외과의 같은 직업에 관심이 갑니다. 미래 사회가 어떤 사회가 될 것인지 기대도 되고요. 아무래도 공부가 문제인데 목표가 더 확실해지면 성적도 오르지 않을까 생각하고 있어요.

호기순 기자
대단해요. 이 박람회가 정보통 학생에게 좋은 계기를 마련해 준 모양이군요. 그럼 진지해 학생은 박람회를 어떻게 보았나요?

진지해
예, 저도 박람회를 통해 제가 어른이 되었을 때의 미래의 모습을 그려 볼 수 있었습니다. 그리고 좋아하는 것, 잘할 수 있는 것이 무엇인지 생각도 해 보았고요. 저는 세계 윤리 관리자라는 직업에 관심이 가요. 전 세계 곳곳에서는 언제나 문제가 발생하고 있고, 그것을 해결하기 위해서는 지혜와 따뜻한 마음, 그리고 그것을 도울 수 있는 인력과 자본 등이 필요해요. 그런 일을 조율하고 돕는 일을 하고 싶어요. 전부터 막연하게 관심이 있었는데 여기 와서 보니 미래 사회에 무엇보다도 필요한 직업이 아닌가 싶어요. 저도 하고 싶은 일이 생겨서 그런지 내일이 더 기대되고 그래요.

호기순 기자
두 학생이 미래 직업 박람회에서 하고 싶은 일도 찾고 미래 사회의 모습도 그려 보았다고 하니 대견하군요. 그럼 오늘 미래 직업 박람회장에서 취재를 맡은 저 호기순 기자는 물러갑니다. 어린이 여러분, 모두 자신의 꿈에 대해 생각해 보는 시간을 가져 보세요. 감사합니다.

TIP 3

정부가 집중 투자·육성할 ICT 9대 전략 산업은?

　우리 나라 정부가 정보통신기술(ICT) 분야 9대 전략 산업을 정하고 집중 투자·지원·육성하기로 했다. 미래창조과학부는 'K-ICT 전략'을 수립해 2015년 3월 25일 발표했다. ICT 산업에 향후 5년간 총 9조원을 투입해 ICT 산업 성장률을 8%로 높이고 2020년까지 생산 240조 원, 수출 2,100억 달러를 달성한다는 목표다.

　미래부는 **소프트웨어**(컴퓨터 프로그램 및 그와 관련된 문서들을 통틀어 이르는 말)와 **사물인터넷**(IoT, 생활 속 사물들을 유무선 네트워크로 연결해 정보를 공유하는 환경), **클라우드**(소프트웨어와 데이터를 인터넷과 연결된 중앙 컴퓨터에 저장, 인터넷에 접속하기만 하면 언제 어디서든 데이터를 이용할 수 있도록 하는 것), **정보 보안**(정보를 여러 가지 위협으로부터 보호하는 것), **5G**(5세대 통신기술), **UHD**(초고화질), **스마트 디바이스**(스마트 기기, 스마트 장치), **디지털콘텐츠**(문자, 음성, 음향, 이미지, 그리고 영상과 같은 콘텐츠를 디지털의 형식으로 제작 혹은 가공한 것), **빅데이터**(문자와 영상 데이터를 포함하는 대규모 데이터)를 9대 전략 산업으로 꼽고, 국내시장 성장 전략과 글로벌 경쟁력 강화 방안을 내놓았다.